在職老齢年金制度の見直しによる経済効果

萩原 玲於奈

三菱経済研究所

序文

　本書は，我が国で議論されている在職老齢年金制度の見直しに関して，その経済効果および厚生効果を理論モデルに基づく数値的なシミュレーションにより定量的に検証することを目的としたものである．

　我が国では，少子高齢化の進行により，公的年金財政の維持が危惧されている．特に，賦課方式という年金システムのもとでは，現役世代から引退世代への所得移転が行われるため，現役世代の負担軽減や経済社会の活力を向上させていくことが今後の重要な課題とされている．こうした中，現在政府が強く推し進めているのが，高齢者の就労・社会参加の促進である．我が国には，可能であればできる限り長く働きたいと考えている高齢者が多く存在している．そうした就労の意欲にあふれ，豊かな経験や知恵を持っている高齢者には，社会保障の受け手から支え手の側へと回ってもらおうというのである．しかし，その実現には，高齢者労働を妨げている障害を取り除いていく必要がある．そこで，今まさに政府がメスを入れようとしているのが，在職老齢年金制度である．在職老齢年金とは，在職中の高齢者に対し，彼らの賃金と年金の合計額が支給停止基準額（年金の減額が開始となる収入基準）を上回る場合，支給停止率（年金の減額の度合い）に従い厚生年金を減額するという仕組みである．この仕組みのもとでは，個人がある水準を超えて労働所得を増やすと，受け取る年金所得は反対に減少してしまう．政府は，この制度の存在が高齢者の就労意欲を削いでいるのではないかという考えのもと，制度を緩和あるいは廃止することで，高齢者の就労を促進しようとしている．

本書では，こうした在職老齢年金制度の見直しが，高齢者の就労行動ひいてはマクロ経済，年金財政，経済厚生にどのような影響を与え得るのか，といった疑問に対する答えを提示する．具体的には，世代重複モデルと呼ばれる経済理論モデルを構築し，基準額の引き上げと停止率の引き下げという2つの制度緩和の効果について，シミュレーションを用いた数値解析により比較検証を行う．政策変更に伴う金利や賃金，税率の変化に対する人々の消費や労働の反応を描写したミクロ的基礎付けを持つ一般均衡モデルを用いて，在職老齢年金制度の経済効果を定量的に明らかにすることは，今後の政府の年金制度運営の方向性について議論するための一助となると考える．

　分析結果は次のようにまとめられる．在職老齢年金制度の緩和・廃止には，基準額の引き上げと停止率の引き下げの2つの政策手段が考えられるが，そのどちらを用いるかにかかわらず，すでに在職している高齢者の労働時間を増加させる効果が期待される．ただし，年金財政や厚生の観点から評価すると，両政策の効果には大きな相違が見られる．基準額を引き上げる場合，経済全体の年金給付は増加し，年金財政の維持にはより高い保険料が必要となる．加えて，経済厚生については大きく低下してしまう．一方で，停止率を引き下げる場合，その引き下げの程度が比較的小さければ，経済全体の年金給付をむしろ抑制することができ，経済厚生も高めることが可能となる．しかしながら，停止率の大幅な引き下げのもとでは，基準額の引き上げと同様，年金給付の増加と経済厚生の悪化が生じることになる．こうした政策効果の違いは，それぞれの制度緩和が主にどの所得層の就労を促進させるのか，年金が支給停止となる人の数や彼らの年金額をどのように増減させるのか，高齢者間の所得格差をどのくらい拡大させるのか，といったさまざまな影響の総合的な結果としてもたらされるものである．

　本書の構成は以下のとおりである．第1章では，本研究の背景と目的について述べ，在職老齢年金制度の成り立ちや変遷の歴史を概観す

る．第 2 章では，本研究と関連する先行研究について整理する．第 3 章では，異なる世代が重なり合い生存するような一般均衡型の多期間世代重複モデルを構築する．ここでの特色は，若年層だけでなく高齢者層の労働供給についても内生化し，年金システムには，個人の受け取る年金給付が彼らの労働所得に依存するような在職老齢年金を導入した点にある．第 4 章では，カリブレーションという作業を行い，現行制度のもとでの現実経済を再現するようにモデルのパラメータを設定する．第 5 章では，数値シミュレーションにより得られた経済の定常均衡を比較することで，制度緩和がマクロ経済変数や厚生水準に与える効果について議論する．第 6 章では，異なる社会経済状態や改革シナリオを想定した場合，本書の分析結果がどのように変わり得るのかについて，感応度分析を通じて明らかにする．第 7 章では，分析の結果と今後の課題をまとめ，結びとする．

謝　辞

　本書を執筆するにあたり，多くの方々からご支援，ご指導を頂戴した．井伊雅子教授（一橋大学大学院経済学研究科，国際・公共政策研究部），また私の指導教官である塩路悦朗教授（一橋大学大学院経済学研究科）には，本書を執筆する機会を与えていただいた．公益財団法人三菱経済研究所の丸森康史副理事長，杉浦純一常務理事，須藤達雄研究部長からは，研究の方向性に関してご教示をいただくとともに，本書の作成においてさまざまな面で見守っていただいた．杉浦純一常務理事には，本書の草稿を何度も丁寧に読んでいただき，研究指針や執筆に関して多くの重要なコメントをいただいた．塩路悦朗教授には，理論モデルの構築，分析手法や分析結果の評価をはじめ論理構成に至るまで，多大なるご指導・ご鞭撻を賜った．松田一茂講師（神戸大学経済学研究科）には，研究を始めて間もない頃からモデルの設定やプログラミングに関する技術面など，多大なるご助言をいただいた．この場をお借りして深く御礼申し上げたい．

　最後に，研究員として在籍中，三菱経済研究所のスタッフの方々や同僚に多大なサポートをいただいた．また，私事となるが，友人や家族の存在は非常に大きな心の支えとなった．あらためて感謝の意を表したい．

　2021 年 6 月

萩原玲於奈

目　　　次

第 1 章　はじめに

　近年，我が国では，少子高齢化が進行しており，年金財政の圧迫が
大きな問題となっている．これは，多くの先進国と同様，我が国の公
的年金制度が基本的には賦課方式で運営されていることに起因してい
る．賦課方式の場合，ある時点の高齢者に対する年金給付は主に同時
点に存在する現役労働者の保険料や税によって賄われる．したがって，
その構造上の特徴から，年金制度は人口動態の変化に非常に影響を受
けやすくなる．すなわち，制度を支える若年人口が減少する一方，給
付を受ける老年人口が増加することは，現役世代の負担を過度に増や
してしまう．

　こうした背景のもと，現役世代の負担軽減や経済社会の活力の向上
が重要な政策課題とされる中，政府は少子高齢化対策となる「働き方
改革」の 1 つの柱として「高齢者の就労促進」を掲げている．実際，我
が国における高齢者の労働参加率は国際的に見ても高水準である．総
務省の『令和 2 年労働力調査』によれば，男性の労働参加率は 60〜64
歳で約 8 割，65 歳以上でも 3 割を超えている．他方で，高齢者の労働
意欲もまた非常に旺盛である．内閣府の『令和元年度高齢者の経済生
活に関する調査』によると，60 歳以上の男女のうち，合計で約 5 割の
人が 65 歳あるいは 70 歳くらいまでの就労を希望しており，合計で 8
割超が 60 歳を過ぎても仕事をしたいと考えている．このような労働
に前向きな高齢者の就労をさらに促し，経済社会の重要な支え手を増
やすことができれば，年金財政を含めた国家財政の改善への寄与が期
待されるだろう．しかし，そのためには高齢者の就労を阻害している

要因を取り除くことが重要となる．主な要因としては，定年制度の存在や企業と労働者間の雇用のミスマッチ，労働者の健康上の問題など種々考えられるが，しばしば議論されるものの 1 つに在職老齢年金制度（以下，在老制度）がある．

　在老制度とは，在職している 60 歳以上の厚生年金受給者が一定以上の労働所得を得ている場合，彼らの年金額を決められたルールに従いカットするというものである．この制度には，対象とする年齢層により大きく分けて，60〜64 歳の低在老と 65 歳以上の高在老の 2 つが存在する．たとえば，現行の高在老では，老齢厚生年金の基本月額と月給・賞与である総報酬月額相当額の合計額が 47 万円（これを「支給停止基準額」と呼ぶ．以下，単に「基準額」と記す）を超えるとき，超えた分の増加 2 に対し年金額が 1 停止されることになっている．言い換えれば，基準額を上回る所得のうち 50％（これを「支給停止率」と呼ぶ．以下，単に「停止率」と記す）の割合だけ年金が支給停止となる．こうした在職中の個人の所得や収入によってその年金を減額するという仕組みは，米国，英国，ドイツ，フランスなど諸外国にも存在する．ただし，それらは基本的には年金の繰り上げ支給時に適用されるものであり，高在老のような満額支給開始年齢以降の収入に応じた年金減額は我が国特有のものといえる．

　在老制度が導入されたのは 1965 年である[1]．当時，老齢厚生年金の支給開始要件は「支給開始年齢に到達していること」と「退職していること」とされていたため，在職中の高齢者は年金を受給することができなかった．加えて，高齢者就労は低賃金で行われることが多く，高齢の労働者は低水準の労働所得のみで生活することを強いられていた．そうした状況下で，彼らの所得保障を目的として創設されたのが在老制度であった．導入当初は 65 歳以上の在職者を対象とした高在老のみ

---

[1] 我が国の在老制度の詳しい歴史については，神田 (2020) などを参照されたい．

であったが，1969 年には 60 歳代前半の人々にも適用が拡大され，今の低在老が生まれることとなる．高在老については，基礎年金制度が創設された 1985 年の改正において，年金の支給開始年齢が原則 65 歳と定められたことで一度事実上の廃止を迎えた．すなわち，65 歳以上であれば，在職の有無にかかわらず年金が満額支給されるようになったのである．しかし，2002 年に再び復活することになる．これは，1990 年以降の急速な少子高齢化の進行に伴い，賦課方式の公的年金を維持するために税や保険料負担が過重となっていた現役世代に対して配慮を求める声が挙がったためである．その後は，現在まで制度自体は存続しているものの，2004 年には緩和方向への制度改正が行われ，2018 年頃からさらなる緩和が検討されることになった．近年のこうした制度見直しの流れは，在老制度の存在が高齢者就労を阻害しているのではないかという仮説に基づくものである．

　ここ数年にわたり，政府は，基準額の引き上げによる在老制度の緩和について議論を行っている．2018 年 6 月，安倍晋三内閣のもとでの「経済財政運営と改革の基本方針 2018」（骨太の方針 2018）において，制度の廃止も視野に入れた在老制度の見直しが盛り込まれた．これは高齢者の労働意欲を高めることを目的とするものであったが，制度緩和による高所得者優遇や年金財政の悪化を懸念する声や，高在老による就業促進効果が不明瞭な点を理由とした反対の声が多く挙がることとなった．度重なる議論の末，低在老については緩和を行う一方で，高在老については現状維持とすることで現在一応の決着がついている．具体的には，低在老は，2022 年から基準額を現行の 28 万円から高在老と同じ 47 万円に引き上げるという形で緩和が施行される．対して，高在老は，一時は基準額を現行の 47 万円から 62 万円または 51 万円へ引き上げるという代替案が出されたものの，最終的に見直しは見送られ 47 万円で据え置かれることとなった．

　本書の目的は，こうした在老制度の緩和あるいは廃止が，高齢者の

就労行動, マクロ経済, 年金財政, 経済厚生に与える影響を, 世代重複モデルを用いた数値解析により定量的に分析することにある. その際, 基準額の引き上げと停止率の引き下げという2種類の政策手段を対比する形で議論を行う. 特に, 分析結果を比較するにあたっては, 以下の点にスポットを当てる. 第1に, 年金給付の財源問題である. 在老制度の緩和については, 増加する年金給付を賄うために必要な追加的財源はどの程度の規模となるのか, またどのように調達するのか, といった議論がよくなされる. ただし, そもそも理論的には必ずしも年金給付が増えるとは限らない. なぜならば, 経済全体の年金給付額は, 「在老制度による支給停止対象者(年金を一部または全額支給停止されている人)の数」と「支給停止対象者が受け取る年金額」の2つから影響を受けるためである. 確かに, 制度緩和により年金カットの度合いが小さくなれば, 支給停止対象者の1人あたりの受け取り年金は増加する. しかし, 仮に制度緩和が支給停止対象者の数を増加させた場合には, 年金が減額される人の割合がより大きくなるため, 経済全体の年金給付額が増えるとは言い切れない. 第2に, 生産性・効率性と公平性のトレードオフ問題である. 在老制度が本当に就業抑制効果を持っているのであれば, 制度を緩和することで高齢者の就労を促し, 労働力の増加を通じて所得や生産力を高めることが期待できる. 他方で, 在老制度は, 主に高所得者の年金を減額することにより同一世代内の所得格差の縮小に寄与している可能性がある. そのため, 制度緩和は, 高所得者の優遇を通じて所得再分配機能を弱め, 世代内の所得格差を拡大させる恐れがある このように, 制度緩和には経済の効率性に対する正の影響と公平性に対する負の影響が予想され, 経済厚生に与える総合的な影響は一概にはわからない.

　我が国の在老制度に関しては, 主にその就業抑制効果の有無について実証的に分析を行った研究がいくつか存在する. しかしながら, 高齢者の就業ひいては経済や厚生に与える効果を理論的に, また定量的

に検証したものはほとんど見つけることができない[2]．他方政府が実施した 2019 年の年金財政検証では，制度変更の影響が試算されている．ただし，その試算では，経済前提としての賃金や金利が外生であることに加え，在老制度の見直しによる就労行動の変化についても考慮されていないという限界がある．在老制度の変更は，人々の意思決定行動をどのように変化させ，それを通じて公的年金財政のバランスや国民の厚生水準にどういった影響を与えるのか．こうした疑問を理論モデルに基づく数値シミュレーションによって明らかにすることが，本研究の最大の特徴であり，貢献といえるだろう．

　なお，前述のように，現実には高在老の見直しは見送られてしまったが，本書では以下に示すいくつかの理由から高在老に注目する．第 1 に，高在老には労働供給に与える効果にコンセンサスがない．次章で詳しく紹介するが，我が国の在老制度に関する実証研究では，高在老による就業抑制効果の有無について見解が分かれている．第 2 に，低在老は 2025 年には消滅してしまう．現在，厚生年金の支給開始年齢の段階的な引き上げが行われているが，男性は 2025 年，女性は 2030 年に 65 歳への引き上げが完了し，60〜64 歳を対象とする低在老は自然に消滅することになる．第 3 に，近年の定年延長の動きの中で，「65 歳定年制」を導入する企業も増加している．したがって，今後は 60 歳代後半の労働力の引き上げがより重要となる[3]．第 4 に，低在老と比べて年金支給停止のルールが簡単である．低在老では，年金の計算方法が高在老よりも入り組んでいることに加え，65 歳以前の年金の繰り上げ受給選択について考える必要がある．そのため，技術的な観点から，理論モデルの構築や計算が非常に複雑となり，分析上扱いづらい．

[2] 田村 (2017) では，基準額の引き上げという制度改正が，理論的には高齢者の労働供給を増加・減少させる両方の可能性を持つことを，余暇と消費財の 2 財を用いた予算制約線の変化により図解している．
[3] 在老制度の労働阻害効果について再検討した Shimizutani and Oshio (2013) でも，同様の観点から高在老に注目している．

第 2 章　先行研究

　我が国の在老制度が高齢者の就労行動に与える影響については，多くの実証研究が行われてきた[4]．

　たとえば，岩本 (2000) は，動学的な就業決定のライフサイクルモデルを基礎として，1990 年代当時の在老制度が就業抑制効果を持っていたのかどうかを分析し，制度の存在が 60〜64 歳の男性の就業率を 5％ポイント程度押し下げていたことを確認した．また，樋口・山本 (2002) は，厚生労働省の『高年齢者就業実態調査（個人調査)』の個票データを用いて男性高齢者の就業行動に関する分析を行い，1994 年の年金制度の改正における在老制度の見直しは 60 歳代前半の労働供給を 3％程度引き上げたという結果を示している．石井・黒澤 (2009) は，構造的モデルに基づくシミュレーション分析により，在老制度は確かに 60 歳代前半の就業意欲を抑制しており，制度の廃止により当該年齢層のフルタイム就業率は約 3.0％ポイント上昇すると述べている．これらの研究で共通して得られている結論は，低在老については，その就業抑制効果が確かに認められるというものである．

　これに対し，高在老については，就業に与える影響に関していまだコンセンサスが得られているとは言い難い[5]．上記の石井・黒澤 (2009) は，60 歳代後半の就業行動に対しては，在老制度の再導入がほとんど

---

[4] 田村 (2017) は，在職老齢年金の経済効果に関する直近のサーベイ論文である．特に，本書では示していないような我が国以外の所得テストの実証研究についても紹介している．

[5] なお，山田 (2012) のように，低在老か高在老かにかかわらず，在老制度による就業抑制効果については確認できなかったとしている研究もある．

影響を与えなかったと述べている．内閣府政策統括官 (2018) は，厚生労働省の『中高年者縦断調査』のデータを用いて在老制度の存在と就業選択の関係性を分析した結果，65 歳以上の高在老では年金停止となる場合が限られていることから，制度の廃止が就業選択に及ぼす影響は小さいとしている．他方で，Shimizutani and Oshio (2013) は，過去の高在老の見直しが 65〜69 歳の賃金分布に与えた影響を検証し，1985年における制度の廃止は労働供給を促進させたと述べている．ただし，2002 年における制度の復活については，労働阻害効果は見られなかったとも述べている．また，高齢者の就業および退職行動について分析した Oshio et al. (2020) は，在老制度の廃止は 65〜69 歳の退職確率を 0.9％ポイント引き下げ，パートタイム就業からフルタイム就業への移行を促すとしている．

　このように，在老制度と就業の関係性については，実証分析の蓄積が進んでいる．しかし，その一方で，我が国の在老制度の就業への効果を理論的に分析した研究についてはほとんど見つけることができない．とはいえ，海外の年金システムにおける在職に伴う年金減額制度やミーンズテストと呼ばれる資力調査に関しては，理論モデルを用いて定量的に検証しているものがいくつか存在する．本書では，次章のモデル構築においてそれらの研究を参考にしているため，ここで紹介する．

　Kudrna and Woodland (2011) をはじめとし，Tran and Woodland (2014), Kudrna (2016), Kudrna et al. (2018) などは，オーストラリアにおける年金のミーンズテストの経済効果に関して世代重複モデルを用いたシミュレーション分析を行っている．我が国と異なり，オーストラリアの年金制度では，個人の退職前の収入や納税額によらず一定額の老齢年金が税金を財源として支給される．ただし，個人の所得や資産に関する厳密な資力調査が存在し，一定以上の所得や資産がある者については支給額が減額または停止されるのが特色である．上記の研究はこ

うした所得水準に依存した年金給付の効果を検証したものである．た
とえば，Kudrna and Woodland (2011) は，一般均衡モデルを用いてオー
ストラリアの年金制度におけるミーンズテストが個人の労働や貯蓄行
動のインセンティブに与える影響について分析し，ミーンズテストの
実施は主に中所得家計の労働意欲を大きく阻害していることを明らか
にした．対して，Kudrna (2016) は，同様にオーストラリアの年金制度
を再現したモデルのもとで，所得税による年金財政のバランス調整を
想定し，むしろミーンズテストを強化することで労働供給や消費，厚
生水準を高めることができると述べている．また，Tran and Woodland
(2014) は，ミーンズテストの見直しが年金受給者数と受給金額の双方
に与える効果に注目した分析を行い，ミーンズテストの導入は労働供
給や厚生を高めるものの，強化しすぎると反対に労働供給や厚生を引
き下げてしまうと述べている．

　また，Sefton et al. (2009) や Kumru and Piggott (2010) は，英国にお
けるミーンズテストの効果を分析している．英国では，2003 年に低所
得の高齢者を対象とした年金クレジットという制度が導入された．こ
れは公的年金制度を補完するものであり，金額が所得に応じて減額さ
れるような補助的な公的扶助となっている．Kumru and Piggott (2010)
は，確率的な世代重複モデルを構築し，このミーンズテストが持つ経
済厚生効果について検証を行い，テストを強化するほど人々の厚生が
高まることを示した．

　さらに，米国の所得テストについて理論的に分析した研究も存在す
る．前述のように，米国では，年金の支給開始年齢である 66 歳以降は
所得による年金の減額制度は存在しない．ただし，支給開始年齢よりも
前に繰り上げて受給した場合には，就労所得の大きさに応じて年金が
減額される．こうした所得テストの厚生効果を確率的動学的な一般均衡
ライフサイクルモデルを用いて分析したのが，Maattanen and Poutvaara
(2007) や Kitao (2014) である．彼らによれば，テストの存在は労働供

給と資本ストックをともに引き下げ，厚生を大きく悪化させる．

　本研究はまた，Auerbach and Kotlikoff (1987) によってフロンティア
が切り開かれた，大規模な世代重複モデルを用いた定量的なシミュレー
ション分析の系譜にあるものと位置づけられる．特に，Imrohoroglu et
al. (1995) や Huggett (1996) から続く，寿命や所得など現実におけるさ
まざまなリスクを組み込んだ一般均衡ライフサイクルモデルを用いて
異質な経済主体の行動を分析する一連の研究の流れを汲むものである．
中でも，本研究のような年金制度改革の効果に関する分析は数多く行
われている．たとえば，Conesa and Krueger (1999) は，個人の所得に不
確実性がある場合における賦課方式年金制度がもたらす効果について
検証している．Nishiyama and Smetters (2007) や Imrohoroglu and Kitao
(2009) は，米国の年金制度を一部または全部民営化することの経済効
果について分析している[6]．Kitao (2014) は，高齢化が進む中で持続可能
な年金財政を目指すためのいくつかの年金改革オプションについて議論
を行っている．他方で，我が国の年金改革については，Yamada (2011)
が 2 階建て構造を持つ公的年金制度を詳述したモデルを構築し，制度
改革が将来および現在の人々の厚生に対して与える影響を分析してい
る．また，Okamoto (2013) は，稼得能力の異なる個人が存在するモデ
ルのもとで，公的年金改革が経済厚生および世代内・世代間の所得再
分配に与える効果について検証を行っている．

---

[6] ここでの民営化とは，年金制度を賦課方式から積み立て方式へ移行するという意味で
　ある．

第 3 章　理論モデルの構築

　本章では，初めに，本書のシミュレーションのベースとなる世代重複型のライフサイクル一般均衡モデルについて，その特徴を述べる．次に，モデルの概要を簡単に説明するとともに，本モデルでキーとなる労働所得と年金の関係性に焦点を当て，より詳しく議論する．最後に，家計や企業など各経済主体の行動を数式を用いて具体的に描写し，個人の最適化問題や再帰的競争均衡について定義を行う．

3.1　モデルの特徴

　本モデルの特徴は次の 4 点である．第 1 に，ライフサイクルモデルであり，個人は自らの生涯における通時的な効用水準を最大化するように，毎期の消費や労働，貯蓄の動学的経路を決定する．年金制度の変更やそれに伴う税負担の変化などに関する将来の見通しは，個人のライフサイクルにおける行動計画を変え得る．また，将来における社会経済環境の不確実性の高まりは，個人のインセンティブを刺激し，現在の個人の行動ひいてはマクロ経済に大きな影響を与え得る．こうした時間を通じた動学的な反応を理解する際には，異なるライフサイクルステージにおける個人の意思決定を記述するライフサイクルモデルが役立つ．

　第 2 に，世代重複モデルであり，ある時点において異なる年齢の世代が重なり合い存在している．さらに，第 3 に，同一年齢の個人間でも，保有資産や所得水準において異なっている．こうした世代間およ

び世代内の異質性を捉えたモデルを用いることで，社会経済環境が変化する中，マクロ経済を構成する個人の年齢・所得・資産に関する分布がどのように変化し，ひいてはそれらを積み上げたマクロ経済変数がどのように動くのかを分析することができる．特に，年金制度は若年世代から老年世代への資源や所得の移転を伴うため，その政策変更の効果を検証するには世代ごとの違いを捉えたモデルが有効となる．加えて，在老制度の効果を見るためには，労働所得や年金額の異なるさまざまな高齢者が存在する経済を再現することが重要となる．この点において，同一世代内での所得や資産の違いを考慮することは，資産格差や所得格差をモデルの中で生成することを通じて，世代内の所得再分配機能を分析できるという利点を持つ．

　第4に，一般均衡モデルであり，家計や企業が行うミクロ的な意思決定は，均衡においてその集計結果としてのマクロ経済変数と整合性を持つ．より具体的には，個人が決める貯蓄や労働は，資本市場および労働市場において実物資本や労働供給量と結びつけられ，産出量を決定するとともに，利子率や賃金率といった生産要素価格に影響を与える．こうした金利や賃金の変動は，個人の意思決定を左右するだけでなく，均衡税率や年金給付の変化を通じて国の財政問題や経済厚生にも大きな影響を及ぼし得る．したがって，このような一般均衡理論による内生的な価格決定をモデルに組み込むことは，政策や経済環境の変化がマクロ経済および国民の厚生水準に与える影響，マクロ経済変数同士の相互作用，などを理解するうえで重要な役割を果たす．特に，本書が分析対象とする在老制度の変更は，個人の老後に備えた資産保有選択や老後における労働供給行動を変化させると予想されることから，その政策効果をより深く精緻に分析するためには一般均衡モデルの活用が望まれる．

3.2 モデルの概要

本モデルにおいて，マクロ経済は家計・企業・政府の 3 つの経済主体から成り，財は 1 種類であるとする．家計は，労働供給を通じて賃金所得，貯蓄に対する利子を通じて資本所得，老後には年金所得を得るとともに，各種税金を政府に納め，残った可処分所得を消費と貯蓄に配分する．彼らは，こうした予算上の関係式のもとで，生涯にわたり期待される消費と余暇から得られる効用水準を最大にするように，消費や労働供給を決定する．ここで，「期待される」としているのは，各個人は寿命および労働生産性に関して不確実性に直面していると考えるためである．前者は死亡して経済から退出してしまうリスクである．一方，後者は生産性ショックと位置付けられるものであり，不運にも平均より低い所得しか受け取ることができない，あるいは幸運にも平均より高い所得を得ることができるようなリスクである．

企業はすべて同一であるとし，一国経済全体の代表的企業を考える．代表的企業は，家計から貸し出される資本や提供される労働力といった生産要素を投入することで生産活動を行う．また，それぞれの生産要素に対しては，その対価として家計に金利と賃金を支払う．企業が生産した財は，家計の消費，企業の設備投資，政府の支出（政府消費や公共投資）に用いられる．

政府は，家計からさまざまな税金（消費税・労働所得税・資本所得税）および年金保険料を徴収するとともに，新規に公債を発行し，それらを政府支出や債務の利払い費，年金給付に充てる[7]．すなわち，ここでは，一般会計部門と年金会計部門を統合した政府部門を想定している．

---

[7] ここでの資本所得税とは，法人税やキャピタルゲイン課税，配当課税，利子課税などを合わせたものを意味する．

　一般に世代重複モデルを用いた分析では，家計は 65 歳以降は働かず，皆平等の年金額を給付される，といった仮定が置かれることが多い．これは，1 つにはモデルや計算を簡単にするためであるが，本書のように労働と年金の関係性を分析する際には好ましくない．そのため，本モデルでは，65 歳以降の老年期における労働供給を許容し，個人が受け取る年金額はその労働供給量に依存する，と考える．より具体的には，在老制度の存在により，個人が基準額と呼ばれる閾値を超えて労働所得（正確には，労働所得と満額年金の合計）を高めてしまうと，その超過分だけ停止率と呼ばれる減額率にしたがって厚生年金がカットされる．たとえば，満額の厚生年金が100であり，基準額が350，停止率が20％であるとする．ここで，労働所得が500である個人を考えると，彼らの所得と年金の合計は $500 + 100 = 600$ となり，基準額である 350 を超えることになる．このとき，彼らが受け取ることのできる年金額は，$100 - 0.2 \times (500 + 100 - 350) = 50$ となる．このようなモデル設定は，単に現実経済をより忠実に再現するだけでなく，在老制度の変更が就労行動や年金財政のバランスに与える効果を精緻に分析するうえで非常に重要な拡張となる．

　こうした所得依存の年金は，家計の老年期における労働参加および労働時間の選択を歪める．すなわち，在職による年金カットが存在するもとでは，個人は自らの労働供給量を意図的に抑制することが考えられる．労働供給は，労働所得の増加を通じて消費や貯蓄を高め，効用水準を増加させる．他方で，労働自体は不効用をもたらすことに加え，年金所得の減少ひいては消費の減少は効用水準を低下させる．こうしたトレードオフに直面している個人は，労働せずに年金所得のみを得るのか，年金所得が減額されないように労働するのか，年金の減額を受け入れてでも大きな労働所得を享受するのか，といった選択肢の中から自らの期待生涯効用をより高くするような最良のものを選ぶ．そのため，自らの望む労働供給量のもとで計算される労働所得が基準

額を超えてしまい，比較的大きな年金の減額がもたらされると予想される場合には，彼らは基準額を超えないように労働供給を調整する可能性がある．これは，先の計算例でいえば，所得と年金の合計が基準額である 350 を下回るもとで満額年金 100 を受け取れるように，個人が労働所得を 250 以下に抑えることを意味する．したがって，在老制度の存在は，仮に在職による年金カットがなければより多くの高齢者労働力が得られただろうという意味において，経済の労働力・生産力の抑制という非効率性をもたらし得る．

　このとき，在老制度の緩和や廃止には就労促進の効果が期待できる．たとえば，政府が基準額を引き上げた場合，基準額の手前で労働を抑えている個人は，今よりも多くの労働所得を得たとしても年金が減額されることがなくなるため，またすでにその所得が基準額を超えている個人は，彼らの年金の減額程度が和らげられるため，より労働供給を増やすかもしれない．同様に，政府が停止率を引き下げた場合も，基準額を超えた労働所得部分に適用される年金減額率が小さくなることで，個人はより長い労働時間を選択するようになるかもしれない．

　また，制度緩和により高齢者の就労が増加し得る一方で，特に制度緩和に関してよく議論される年金財政の問題に目を向けた場合には，どのくらいの人々が「基準額を超えて」労働を増やすようになるのか，が非常に重要となる．なぜならば，たとえ人々が労働所得を高めたとしても，それが基準額を下回る限りにおいては，彼らには満額の厚生年金が支給されるためである．制度緩和自体は，在老制度による年金の減額を抑えるため，経済全体の年金給付の増加をもたらす．ただし，制度緩和の結果，在老制度を通じて年金を減額されてでも基準額以上に労働所得を高めることが期待効用の観点から望ましいと感じる人々が現れた場合，むしろ経済全体の年金給付を引き下げる可能性がある．これは次のような簡単な計算でも確かめられる．たとえば，ある経済には全部で 100 人の高齢者が存在しており，うち 90 人が満額の年金額

100 を受け取り，残りの 10 人が在老制度によりカットされた年金額 50 を受け取っているとする．このとき，経済全体の年金給付は $90 \times 100 + 10 \times 50 = 9500$ となる．ここで，制度緩和により，在老対象者の年金額が 50 から 60 へと増加したとすると，経済全体の年金給付は $90 \times 100 + 10 \times 60 = 9600$ へと 100 だけ増加する．しかし，もし同時に，制度緩和に伴い在老対象者の数が 10 人から 15 人へと増えたとした場合，どうなるだろうか．経済全体の年金給付を計算すると，$85 \times 100 + 15 \times 60 = 9400$ となり，逆に 100 だけ減少することになるのである．

　さらに，制度緩和の経済厚生への影響を考える際には，在老制度による労働供給の阻害効果だけでなく，世代内格差を縮小させる効果についても捉える必要がある．これはすなわち，労働所得の高い個人の年金を抑制することを通じた，高齢者間の所得格差の縮小への寄与である．たとえば，ある経済には，500 という高い労働所得を得る個人 A と 100 という低い労働所得を得る個人 B が存在しているとする．このとき，所得による年金の減額が存在しない場合，満額の厚生年金を 100 とすると，個人 A の総所得は $500 + 100 = 600$ であり，個人 B の総所得は $100 + 100 = 200$ となる．よって，個人間の所得格差は $600 - 200 = 400$ となる．ここで，在老制度（基準額が 350，停止率が 20％）の導入を考えてみる．すると，個人 B は変わらず満額の年金を受け取ることになる一方で，個人 A の年金は 50 へと減額される．その結果，個人 A の総所得は $500 + 50 = 550$ となり，個人間の所得格差は $550 - 200 = 350$ へと縮小することになる．したがって，在老制度を緩和する場合，労働力増加の効果が期待される一方で格差拡大の効果も生じるため，厚生への影響は一概にはわからない．

　本節では，本モデルにおける在老制度の変更が人々の就労行動および年金財政，厚生水準に与える影響に関して，その想定されるメカニズムについて簡単に議論してきた．しかし，実際にどのような動きが見られるのか，またその動きはどのくらい大きなものであるのか，と

いった定量的な評価を行うためには，数値シミュレーションによる分析が必要不可欠となる．次節以降では，数式を用いてシミュレーションの基礎となるモデルを構築する．

3.3　家計部門

モデルの 1 期間が現実の 1 年に相当するとし，家計の年齢を j で表す．なお，本書では定常経済のみに注目するため，時間と年齢を厳密に区別しない．各家計は 21 歳（$j = 1$）に意思決定者として経済に誕生し，最長で 100 歳（$j_f = 80$）まで生存するものの，毎期外生の死亡リスクに直面している．j 歳の人が次の $j + 1$ 歳まで生存する条件付き確率を ψ_j とすると，個人が j 歳で生存している条件なし確率 q_j は以下のように定義される[8]．

$$q_j = \psi_{j-1}\psi_{j-2}\cdots\psi_1 = \prod_{k=1}^{j-1}\psi_k \tag{1}$$

このとき，この経済に j 歳で存在する人口数を μ_j とすると，年齢別人口数は次の式に従い成長する．

$$\mu_{j+1} = \left(\frac{\psi_j}{1+n}\right)\mu_j \tag{2}$$

ここで，n は人口成長率である．

家計は，21 歳で経済に参入してから 64 歳（$j_r = 44$）までの若年期に労働供給を行うが，65 歳（$j_r + 1 = 45$）以降の老年期も引き続き労働を供給することが可能であるとする[9]．ただし，86 歳以降は完全に労

---

[8] なお，$\psi_{j_f} = 0$ および $q_1 = 1$ が成立する．

[9] 本書では，簡単化のため，65 歳以上の老年期（高年期）に対して，それ以前の年齢層（一般的な年齢区分における青年期・壮年期・中年期）をまとめて単に若年期と呼ぶこととする．

働市場から退出する．労働により得られる所得については $w\eta_{j,e}xl_j$ で表される．ここで，w は賃金率，l_j は j 歳の労働時間である．また，e は経済に参入した時点での個人の能力格差を表し，生涯を通じて不変であるとする．本モデルの個人は 21 歳で経済に参入することから，e は彼らの教育水準を表していると考えることができる．こうした教育水準の違いは，労働効率性プロファイル $\eta_{j,e}$ の違いを通じて潜在的に生涯所得の格差を生み出す．最後に，同一年齢で同一教育水準の個人であっても，労働生産性に関する互いに無相関な不確実性に直面しているものとする．x は労働生産性ショックであり，有限状態のマルコフ環に従い確率的に決定される．なお，現在の状態 x から次期の状態 x' への推移確率を $\Pi(x, x')$ とする．

個人の期待生涯効用関数については，以下のように特定化を行う．

$$U = \mathbb{E}\left[\sum_{j=1}^{j_f} \beta^{j-1} q_j u\left(c_j, 1-l_j\right) \right] \tag{3}$$

where

$$u\left(c_j, 1-l_j\right) = \log\left(c_j\right) + \chi_j \frac{\left(1-l_j\right)^{1-\gamma}}{1-\gamma} \tag{4}$$

ここで，β は主観的割引率，c_j は j 歳の消費，$1-l_j$ は j 歳の余暇時間である．また，χ_j は年齢に依存する余暇の選好パラメータ，γ は労働供給の異時点間の代替を決めるパラメータを表す．

家計は，利子所得，労働所得および年金所得からなる所得を次期への貯蓄と消費に振り分ける．j 歳の予算制約式は以下のように書き表せる．

$$a_{j+1} + \left(1 + \tau^c\right)c_j =$$

$$\left[1 + \left(1 - \tau^k\right)r\right]\left(a_j + b\right) + \left(1 - \tau^l - \tau^p\right)y_j \quad \text{if } j < j_r + 1 \tag{5}$$

$$a_{j+1} + (1+\tau^c)c_j =$$

$$[1+(1-\tau^k)r](a_j+b) + (1-\tau^l)y_j + p_{j,e}(y_j) \quad \text{if } j \geq j_r+1 \quad (6)$$

where

$$y_j = w\eta_{j,e}xl_j \tag{7}$$

ここで，a_j は j 歳期初の資産，b は遺産分配，y_j は j 歳の労働所得，r は利子率である．$p_{j,e}(y_j)$ は個人が老年期に受け取る年金であり，労働所得水準 y_j に依存している．年金制度については，第 3.5 節で詳述する．また，τ^c は消費税，τ^k は資本所得税，τ^l は労働所得税である．さらに，τ^p は年金保険料であり，若年期の労働にのみ課されるとする[10]．

　本モデルでは，固有リスクに対する保険市場は存在せず，個人は労働生産性に関するショックに対して状態依存型の債券を発行することができないとする．すなわち，彼らはそうした債券の売買を通じて自身のリスクをヘッジすることができないと考える．ただし，彼らは予備的動機に基づくリスクフリー資産の貯蓄を行うことで，そうしたショックに対して部分的に自己保険を行うことができる．また，流動性制約が存在し，個人は借り入れを行うことはできず，負の資産保有はできない状況を想定する．

---

[10] 実際の制度では，厚生年金保険料の払い込みは 69 歳まで可能となっている．ただし，ここでは簡単化のために，保険料は 64 歳までの若年が支払うものであり，65 歳以上の労働に対しては課されないものとする．そのため，本モデルでは，仮に政策によって老年労働が促進されたとしても，それが保険料収入の増加につながることはない．しかしながら，後出の政府の予算制約 (12) 式からわかるように，労働所得税収の増加を通じて国全体の財政には寄与することになる．

3.4　企業部門

代表的企業は，次のような一次同次の生産関数に基づき，資本と労働を用いて生産活動を行う．

$$Y = K^{\alpha} N^{1-\alpha} \tag{8}$$

ここで，Y は総生産，K は総資本，N は総労働，α は資本分配率である．本モデルでは，老年期の労働を許容しているため，総労働 N は以下のように若年労働 N_y と老年労働 N_o に分けられる．

$$N = \underbrace{\sum_{j=1}^{j_r} \sum_{s} \left(\eta_{j,e} x l_j(s) \right) \mu_j \Phi_j(s)}_{\text{若年労働 } N_y} + \underbrace{\sum_{j=j_r+1}^{j_f} \sum_{s} \left(\eta_{j,e} x l_j(s) \right) \mu_j \Phi_j(s)}_{\text{老年労働 } N_o}$$

$$\tag{9}$$

なお，$\Phi_j(s)$ は j 歳の状態 $s = \{a, e, x\}$ で存在している人がどれだけいるかを表す分布関数である．

3.5　政府部門

政府は，賦課方式の公的年金制度を運営しており，個人は 65 歳以降に年金給付を受け取ることができる．本書では，年金が在老制度により調整される状況を想定し，個人が受け取る給付額は一律ではなく，彼らの労働所得水準に依存するものとする．1 人あたり年金給付 $p_{j,e}$ は次のように表される．

$$p_{j,e}(y_j) = \underbrace{bp}_{\text{基礎年金部分}} + \underbrace{\max \left[\pi_e w N_y - \theta \times \max \left(y_j + \pi_e w N_y - \omega, 0 \right), 0 \right]}_{\text{厚生年金部分}}$$

$$\tag{10}$$

ここで，上式を労働所得 y_j の大きさによる場合分けの形で書き直すと，

$$
p_{j,e}\left(y_j\right) =
\begin{cases}
bp + \pi_e w N_y & \text{if } y_j + \pi_e w N_y \leq \omega \\
bp + \pi_e w N_y - \theta \times \left(y_j + \pi_e w N_y - \omega\right) \\
\quad\quad \text{if } \omega < y_j + \pi_e w N_y \leq \omega + \frac{\pi_e w N_y}{\theta} \\
bp & \text{if } \omega + \frac{\pi_e w N_y}{\theta} < y_j + \pi_e w N_y
\end{cases}
\tag{11}
$$

となる．bp は 1 階部分の基礎年金であり，この部分については個人の労働所得の大きさにかかわらず支給が保証されている．また，$\pi_e w N_y$ は 2 階部分の厚生年金を表しており，π_e は個人能力 e に依存した所得代替率，N_y は若年労働である[11]．なお，図 1 は (11) 式を図示したものである．

図 1　在老制度による年金額の調整

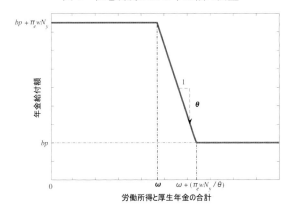

労働所得と厚生年金の合計

---

[11] 現実経済においては，年金額は個人の過去の所得の履歴に結びついていると考えられる．しかし，各個人の平均賃金という状態変数を追加的に増やすことによる計算負荷は非常に大きい．そのため，本モデルでは，年金の格差が個人の経済参入時の固定能力ひいては生涯所得の違いによって生み出されると想定する．こうした設定は，Attanasio et al. (2011) や Conesa et al. (2018) でも行われている．

在老制度による年金の支給停止ルールは次のとおりである．課税前労働所得と厚生年金の合計である $y_j + \pi_e w N_y$ が基準額 ω を下回る場合，個人は満額の厚生年金 $\pi_e w N_y$ を受け取ることができる．しかし，労働所得と厚生年金の合計 $y_j + \pi_e w N_y$ が基準額 ω を超える場合には，年金額が一部または全額支給停止となる．具体的には，基準額 ω を上回る部分に停止率 θ をかけ合わせた分だけ年金額が減額される．したがって，個人の労働所得が高いほど，彼らが受け取る年金総額は小さくなる．ただし，労働所得がどれほど高い水準であろうとも，厚生年金部分は決してマイナスにはならない．もし労働所得と厚生年金の合計 $y_j + \pi_e w N_y$ が $\omega + \left(\pi_e w N_y / \theta \right)$ という水準を超えるほど大きければ，最低額の基礎年金 bp だけが支給されることになる．基準額 ω と停止率 θ は政府が決めるパラメータであり，政府はこれらのパラメータを動かすことで在老制度を緩和・廃止あるいは強化することができる．たとえば，基準額 ω の引き上げは，労働所得と厚生年金の合計 $y_j + \pi_e w N_y$ が基準額 ω を超えることで年金を減額されるような支給停止対象者の数を減少させるため，制度の緩和を意味する．また，停止率 θ の引き下げは，支給停止対象者の受け取る年金の減額割合を低下させ，より満額に近い年金の支給をもたらすことから，同様に制度の緩和を意味する．特に，基準額 ω が非常に大きい場合や停止率 θ がゼロである場合には，すべての高齢者が彼らの労働所得によらず満額の年金を受け取ることになるため，在老制度の廃止と解釈することができる．

政府は，一般政府支出 G，発行した国債 D の利払い費 rD，年金給付 PB を，税収 T と年金拠出 PC によって賄うとする．政府の予算制約式は以下のとおりである．

$$G + rD + PB = T + PC \tag{12}$$

where

$$T = \sum_{j=1}^{j_f} \sum_{s} \left[\tau^c c_j(s) + \tau^l w \eta_{j,e} x l_j(s) + \tau^k r \left(a_j(s) + b \right) \right] \mu_j \Phi_j(s) \quad (13)$$

$$PB = \sum_{j=j_r+1}^{j_f} \sum_{s} p_{j,e} \left(y_j(s) \right) \mu_j \Phi_j(s) \quad (14)$$

$$PC = \sum_{j=1}^{j_r} \sum_{s} \left(\tau^p w \eta_{j,e} x l_j(s) \right) \mu_j \Phi_j(s) \quad (15)$$

本書では，消費税 τ^c，労働所得税 τ^l，資本所得税 τ^k を所与としたもとで，統合予算制約 (12) 式を満たすように保険料 τ^p が調整されるとする．

3.6 個人の最適化問題

家計は状態 $\{j,a,e,x\}$ において，今日の消費と余暇から得られる効用および来期の状態 $\{j+1,a',e,x'\}$ のもとでの平均的な将来価値を最大にするように，消費 c，労働供給 l，貯蓄 a' を選択する．個人の価値関数 $V_j(s)$ は次のように与えられる．

$$V_j(s) = \max_{c,l,a'} \left[u \left(c_j, 1 - l_j \right) + \beta \psi_j \mathbb{E} \left\{ V_{j+1}(s') \right\} \right] \quad (16)$$

subject to

$$a_{j+1} + \left(1 + \tau^c \right) c_j = \left[1 + \left(1 - \tau^k \right) r \right] \left(a_j + b \right) + y y_j \quad (17)$$

where

$$yy_j = \begin{cases} \left(1 - \tau^l - \tau^p \right) y_j & \text{if } j < j_r + 1 \\ \left(1 - \tau^l \right) y_j + p_{j,e} \left(y_j \right) & \text{if } j \geq j_r + 1 \end{cases} \quad (18)$$

$$y_j = w\eta_{j,e} x l_j$$

$$p_{j,e}(y_j) = bp + \max\left[\pi_e w N_y - \theta \times \max\left(y_j + \pi_e w N_y - \omega, 0\right), 0\right]$$

$$a_1 = a_{j_f+1} = 0, \quad a_{j+1} \geq 0 \tag{19}$$

$$c_j > 0, \quad 0 \leq l_j \leq 1 \tag{20}$$

3.7 再帰的定常競争均衡の定義

本書では，利子率や賃金率，分布関数が時間を通じて一定となる定常均衡に焦点を当てる．定常競争均衡は，家計の意思決定ルール $\{c_j, l_j, a_{j+1}\}$，企業の意思決定ルール $\{K, N\}$ および要素価格 $\{r, w\}$，政府の税システム $\{\tau^c, \tau^l, \tau^k\}$，社会保障システム $\{\tau^p, \pi_e, bp, \omega, \theta\}$，政府支出および債務 $\{G, D\}$，遺産分配 b，分布関数 Φ_j で，以下を満たすものである．

1. 家計は第 3.6 節で定義された最適化問題を解き，政策関数を決定している．

2. 企業は利潤最大化問題を解いている．各生産要素価格は，

$$r = \alpha K^{\alpha-1} N^{1-\alpha} - \delta, \quad w = (1-\alpha) K^\alpha N^{-\alpha} \tag{21}$$

となる．ここで，δ は資本減耗率である．

3. 意図せず残された遺産はすべての人々に平等に配られる．個人の受け取り遺産は，

$$b = \frac{\sum_{j=2}^{j_f+1} \sum_s \left\{\left(1 - \psi_{j-1}\right) a_j(s)\right\} \mu_{j-1} \Phi_{j-1}(s)}{\sum_{j=1}^{j_f} \mu_j} \tag{22}$$

となる.

4. 政府部門の予算制約式が満たされている.

5. 労働市場および資本市場が均衡している.

$$N = N_y + N_o = \sum_{j=1}^{j_f} \sum_s \left(\eta_{j,e} x l_j(s) \right) \mu_j \Phi_j(s) \tag{23}$$

$$K = \sum_{j=1}^{j_f} \sum_s \left(a_j(s) + b \right) \mu_j \Phi_j(s) - D \tag{24}$$

where

$$N_y = \sum_{j=1}^{j_r} \sum_s \left(\eta_{j,e} x l_j(s) \right) \mu_j \Phi_j(s) \tag{25}$$

$$N_o = \sum_{j=j_r+1}^{j_f} \sum_s \left(\eta_{j,e} x l_j(s) \right) \mu_j \Phi_j(s) \tag{26}$$

6. 財市場が均衡している.

$$Y = \sum_{j=1}^{j_f} \sum_s c_j(s) \mu_j \Phi_j(s) + \delta K + G \tag{27}$$

7. 分布関数 $\Phi_j(s)$ が定常分布を持つ.

一般的に定常均衡の存在を解析的に分析することは困難であるため, 以下では数値計算により近似的に定常均衡を作り出し, 分析を行う.

第4章　モデルパラメータの設定

　本章では，人口構造やモデルのパラメータ値について設定を行う．パラメータは，家計や企業の行動に関わるものと政府の財政制度や年金制度に関わるものに大別される．主要なパラメータについてまとめたものが表1である．

表1　モデルパラメータ

パラメータ	定義	値
家計の選好		
β	主観的割引率	0.9975
γ	余暇効用の曲率	3.0
χ_j $(j < j_r + 1)$	余暇の選好（若年）	0.57
χ_j $(j \geq j_r + 1)$	余暇の選好（老年）	1.37
労働生産性ショック		
ρ	持続性パラメータ	0.98
$\sigma_{\epsilon,j}$ $(j < j_r + 1)$	標準偏差（若年）	0.09
$\sigma_{\epsilon,j}$ $(j \geq j_r + 1))$	標準偏差（老年）	0.19
企業		
α	資本分配率	0.377
δ	資本減耗率	0.08
政府		
G/Y	政府支出対 GDP 比率	20%
D/Y	債務残高対 GDP 比率	130%
τ^c	消費税	8.0%
τ^l	労働所得税	21.7%
τ^k	資本所得税	39.8%
τ^p	年金保険料	17.8%
π	所得代替率	26.5%
bp	基礎年金	月 6 万 5 千円
ω	基準額	月 47 万円
θ	停止率	50%

4.1 人口構造

生存確率 ψ_j については，国立社会保障・人口問題研究所（以下，社
人研）による『日本の将来推計人口（平成 29 年推計)』の男女年齢別
将来生命表：中位仮定データの 2015 年における男女の各歳別生存確率
の単純平均値を用いることとした．また，人口成長率 n についてはゼ
ロであるとした．図 2 は，これらの仮定のもとで (2) 式に従い計算し
た人口分布と 2015 年の実際の人口分布を比較したものである．なお，
経済全体の人口数を 1 に基準化している（$\sum_{j=1}^{j_f} \mu_j = 1$）．ここで，高
齢化率（21～100 歳人口に占める 65 歳以上の高齢者の割合）を求める
と，現実の 32.6％に対してモデルでは 31.9％と比較的近い値となる．

図 2　人口分布

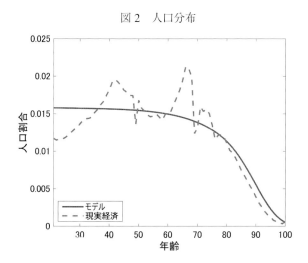

4.2　固定能力，労働効率性プロファイル，労働生産性ショック

　まず固定能力 e については，教育水準ごとに 4 つの状態が存在するとし，$e=h$ を「高教育（大学・大学院卒）」，$e=hm$ を「中高教育（短期大学・高等専門学校卒）」，$e=lm$ を「中低教育（高校卒）」，$e=l$ を「低教育（中学卒）」とした．それぞれの人口割合については，厚生労働省の『平成 27 年賃金構造基本統計調査』における各教育水準の労働者数を用いて計算を行い，順に 35.1％，18.4％，43.3％，3.2％とした．

　次に，年齢別の賃金プロファイルである労働効率性 $\eta_{j,e}$ については，年齢 j に関する 2 次関数を想定した．前出の『賃金構造基本統計調査』を用いて，教育水準ごとに「きまって支給する現金額」× 12 ＋「年間賞与その他特別給与額」により年間所得を導出し，以下の式に基づいて各年齢の平均所得を計算した[12]．

$$\text{「高教育」}: \eta_{j,h} = 0.45122 + 0.07349j - 0.00113j^2 \tag{28}$$

$$\text{「中高教育」}: \eta_{j,hm} = 0.54962 + 0.03427j - 0.00056j^2 \tag{29}$$

$$\text{「中低教育」}: \eta_{j,lm} = 0.53756 + 0.03481j - 0.00064j^2 \tag{30}$$

$$\text{「低教育」}: \eta_{j,l} = 0.51509 + 0.03001j - 0.00056j^2 \tag{31}$$

(28)〜(31) 式を図示した図 3 に見るように，基本的に平均所得は 50 歳前後をピークとする逆 U 字型の滑らかな曲線となる．

---

[12]　ただし，数値計算のために，各教育水準の平均効率性の平均値を 1 に基準化している．

図 3　労働効率性プロファイル

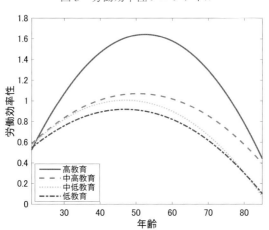

最後に，労働生産性に関する固有リスク x であるが，次の AR (1) 過程に従うとした．

$$\log(x_{j+1}) = \rho \log(x_j) + \epsilon_j \tag{32}$$

ただし，$\epsilon_j \sim N(0, \sigma_{\epsilon,j}^2)$ である．持続性パラメータ ρ については，Hsu and Yamada (2019) より 0.98 とした．また，標準偏差 $\sigma_{\epsilon,j}$ は若年と老年で異なる値をとるとし，それぞれ次のように設定した．21～64 歳の若年については，Hsu and Yamada (2019) を参考に 0.09 と置いた．一方で，65 歳以上の老年については，モデルにおける労働参加率が総務省の『平成 27 年労働力調査』における男性の年齢別就業率データと合うように 0.19 と置いた．モデルと現実の年齢別の労働参加率を比較したものが図 4 である．これを見ると，65 歳以上の高齢者の労働参加について比較的うまく捉えることができているといえる．シミュレーションの際には，Tauchen (1986) に従い，(32) 式を 5 個のマルコフ環で近似した．

図 4　労働参加率

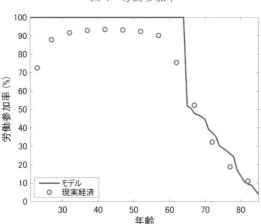

4.3　個人の選好

　主観的割引率 β については，資本生産比率が 3.0 程度となるように 0.9975 と設定した．また，余暇の選好パラメータ χ_j は若年と老年で異なる値をとるとし，それぞれ次のように設定した．若年については，個人が 1 単位の時間のうち平均で約 39 ％を労働時間に充てるように 0.57 と置いた．一方で，老年については，年金の支給停止対象者数すなわち労働所得と満額年金の合計が基準額を上回る人の数が厚生労働省が公表する約 41 万人に近づくように 1.37 と置いた．余暇パラメータは人々の労働時間ひいては労働所得に影響を与えるため，モデルにおける支給停止対象者数を左右する．本書では，上記のパラメータ設定のもとで，モデル内の 65 歳以上人口の 1.23 ％にあたる 41.6 万人が年金を全額または一部支給停止されているという状態を作り出した．最後に，余暇効用の曲率パラメータ γ であるが，このパラメータは異時点間の労働供給の代替の弾力性であるフリッシュ弾力性を決める．本モ

デルの効用関数 (4) 式のもとでは，弾力性は次のように個人の年齢および労働時間に依存する形となる．

$$\text{フリッシュ弾性値} = \frac{1}{\gamma} \times \left(\frac{1-l_j}{l_j} \right) \tag{33}$$

Kuroda and Yamamoto (2008) では，21〜64 歳の男性のフリッシュ弾性値は 0.2〜0.7 程度であると推定されている．これに従い，本書では，若年のフリッシュ弾性値の平均値が 0.5 程度となるように，$\gamma = 3.0$ と設定した[13]．

4.4 企業の生産技術

資本分配率 α と資本減耗率 δ については，Imrohoroglu and Sudo (2011) の値を用いており，それぞれ 0.377 と 0.08 である．

4.5 公的年金および政府

まず保険料 τ^p については，2015 年における厚生年金保険料率である 17.828％を用いた．また，所得代替率 π_e については，総年金給付対 GDP 比率 PB/Y が 2015 年の値である 10.2％（＝54.9 兆円÷538.0 兆円）程度となるように，$\pi = 26.5\%$ という値を置いた[14]．教育水準による π_e

---

[13] (33) 式からわかるように，労働時間が少なくなる老年においてフリッシュ弾力性はより大きな値となる．これは，French (2005) などで観察されている結果とも整合的である．

[14] 本モデルの所得代替率 π は，厚生年金部分が平均的な若年労働所得の何パーセントにあたるのかを示したものである．基礎年金を含めた年金全体に対して所得代替率を計算すると，実績値に近い 54.1％という値となる．

の格差は，各教育水準における平均労働効率性の比率に従うとした[15]．次に，基礎年金額 bp は，2015 年度の支給水準が月 6 万 5 千円であることから，これを年額に変換し 78 万円（＝ 6 万 5 千円 × 12 カ月）とした．現行の高在老では，総報酬月額相当額（本モデルの労働所得に相当）と基本月額（本モデルの満額厚生年金に相当）の合計が 47 万円を上回る場合，上回る分の増加 2 に対し年金額 1 が停止されることになっている．したがって，基準額 ω を月額から年額に変換した 564 万円（＝ 47 万円 × 12 カ月）とし，停止率 θ については 2 分の 1 すなわち 50％とした．

　政府支出対 GDP 比率 G/Y については，SNA (2015) から 20％と置いた．また，債務残高対 GDP 比率 D/Y については，OECD (2015) から 130％と置いた．なお，ここでの債務は，粗債務から政府が保有する金融資産などを除いた純債務である．消費税 τ^c については，2015 年の値である 8％を用いた．資本所得税 τ^k については，Imrohoroglu and Sudo (2011) より 39.8％と置いた．これらの税率を所与としたもとで，労働所得税 τ^l は政府の予算制約 (12) 式を満たすように計算され，21.65％という値が得られた．

---

[15] 各教育水準の所得代替率 π_e は，教育水準が高い順にそれぞれ 35.8％，24.9％，23.6％，21.7％となる．

第5章　分析結果

　本章では，在老制度の緩和または廃止がマクロ経済および厚生に与える効果について分析を行う[16]．本研究の主な関心は次の3点にある．第1に，高齢者の就労を促進するのか，もしそうであればどの程度促進するのかである．第2に，経済全体の年金給付額および保険料にどのような影響を与えるのかである．第3に，人々の厚生水準を高めるのか否かである．政府が在老制度を緩和方向に変更する場合，基準額 ω を引き上げる，もしくは停止率 θ を引き下げる，という2つの選択肢が考えられる．そのため，制度改革については，以下に示す両者のシナリオについてそれぞれ政策効果を分析し，比較する．

- 現行制度（ベンチマーク）：基準額＝月額47万円かつ停止率＝50%[17]．
- 基準額 ω の引き上げ：基準額を51万円・71万円・94万円（緩和），188万円（廃止）に引き上げる．なお，停止率については50%のままとする．
- 停止率 θ の引き下げ：停止率を20%・10%・5%（緩和），0%（廃止）へと引き下げる．なお，基準額については47万円のままとする．

ここで，51万円という基準額は政府が一時議論していた引き上げ額であり，20%という停止率は1965年に制度が導入された当時の減額率で

---

[16] 詳しい数値計算手法については，補論を参照されたい．

[17] これ以降，基準額に関して月額の表記は省略するが，本書における基準額はすべて月額単位であることに注意されたい．

ある[18]. なお，基準額 188 万円は現行の 4 倍の水準であるが，モデル
において在老制度による支給停止対象者がゼロとなるような十分高い
所得水準額である．また，停止率 0％はすべての人々が満額年金を受
け取る状況である．すなわち，どちらも制度の廃止を意味している．

5.1　ベンチマーク経済

　まず，現行制度のもとでのベンチマーク経済について概観する．ベン
チマークにおける各税率や主要なマクロ経済変数をまとめたものが表 2
である．また，65 歳以上の労働者の所得分布を表したものが図 5 であ
る[19]．ベンチマークでは，資本生産比率は 3.01，資本労働比率は 5.86
となり，金利は約 4.5％となる．総年金給付は対 GDP 比で見て 10.2％
となる．また，図 5 が示すように，労働所得と満額厚生年金の合計が
基準額 47 万円を超えることで年金をカットされている支給停止対象
者の数は 41.6 万人であり，65 歳以上人口数の 1.23％に相当する[20]．こ
の数字は，現実経済における受給権者全体に占める対象者の割合であ
る 1.5％とも整合的である．さらに，教育水準別の所得分布をまとめた

---

[18] 71 万円と 94 万円という基準額はそれぞれ，現行の 1.5 倍と 2 倍の水準である．

[19] 図 5 に見るような基準額 47 万円を境にした所得階層割合の低下は，現実の所得分布
においても確かに確認される．しかし，その段差は本書のモデル分布ほど大きなもの
ではない．こうしたモデルと現実の所得分布のずれをできる限り小さくすることは，
在老制度変更の効果を見るうえでも重要であると考えられるため，今後の課題とし
たい．

[20] 本モデルにおいて支給停止対象者が老年労働者に占める割合を計算すると，約 7％と
いう値が得られる．他方，現実においては，在職受給権者のうち約 17％が支給停止
対象者となっている．このずれについては，現実とモデルにおける短時間労働者の扱
いの違いが原因であると推測される．現実では，短時間労働者は厚生年金には加入し
ないため，在老制度の対象外となる．しかし，本モデルでは，こうした低所得の短時
間労働者についても在老制度の対象とし，在職受給権者に含めている．したがって，
母数となる在職受給権者の数が現実よりも大きくなり，それに占める支給停止対象者
の割合が小さくなったと考えられる．

表 2　ベンチマークの経済変数

	現行（ベンチマーク）
在老制度	
基準額 ω	47 万円
停止率 θ	50%
税率	
消費税 τ^c	8.0%
労働所得税 τ^l	21.7%
資本所得税 τ^k	39.8%
年金保険料 τ^p	17.8%
マクロ経済変数	
資本生産比率 K/Y	3.01
資本労働比率 K/N	5.86
金利 r	4.5%
賃金 w	1.21
年金給付対 GDP 比率 PB/Y	10.2%
労働参加率	
21～64 歳	100.0%
65～69 歳	49.1%
70～85 歳	22.7%
支給停止対象者数	
全体	41.6 万人
- 高教育	36.6 万人
- 中高教育	3.6 万人
- 中低教育	1.3 万人
- 低教育	0.1 万人

図 5　ベンチマークの所得分布

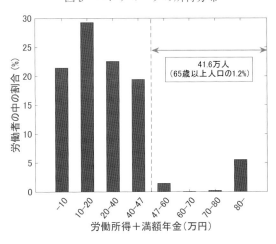

38

図 6 を見ると，支給停止対象者の多くは高教育水準の人々であり，中低・低教育水準で年金を減額されている人はほとんど存在しないことがわかる．

　また，図 7 には平均的な個人のライフサイクルプロファイルを示している．個人は資産を持たずに経済に参入するが，老後に向けて，また個人リスクに対する予備的貯蓄動機から資産を蓄積していく．彼らは 65 歳以降も働くことが可能であるが，基本的に老年期には貯蓄を取り崩す．本モデルの個人は利他的な遺産動機を持たないとしているため，100 歳で資産は再びゼロとなる．消費は右上がりとなる傾向が見られるものの，生存確率が低下する老年期には右下がりとなる．労働者に限ってみると，若年では 1 単位の時間のうち平均で約 40％の時間を労働に費やすのに対し，老年では約 10％の時間を労働に費やす．また，在老制度の存在により，1 人あたりの平均的な年金額は年齢によって

図 6　教育水準別の所得分布

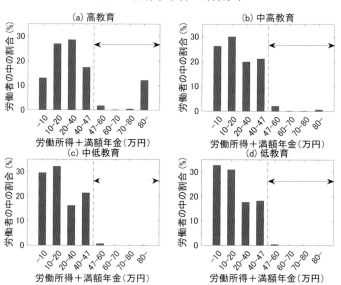

図 7 平均的な個人プロファイル

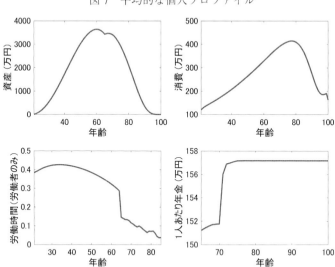

異なる水準となる．86 歳以降は必ず退職すると仮定しているので，満額の年金を受給することになる．しかし，それ以前の年齢，特に 65〜75 歳では，在老制度を通じて年金が減額されることから平均年金額は満額よりも少ない額となる．

5.2　厚生評価の基準

　本書では，各状態における効用水準を均衡分布で集計した次のような期待生涯効用 W により，経済厚生を測る.

$$W\left(c_j, 1 - l_j\right)$$

$$= \int \mathbb{E}\left[\sum_{j=1}^{j_f} \beta^{j-1} q_j \left\{\log\left(c_j\right) + \chi_j \frac{\left(1 - l_j\right)^{1-\gamma}}{1-\gamma}\right\}\right] d\Phi_{j=1}(s|a=0) \quad (34)$$

ここで，$s = \{a, e, x\}$ は家計の状態変数，Φ_j は定常状態における人口分布である. また，厚生比較の際には，消費で測った等価変分である CEV（Consumption Equivalent Variation）という尺度を用いる. これは，ベンチマーク経済 Bm（Benchmark）を基準として，ある改革シナリオ下の経済 Alt（Alternative）では残存生涯における消費何％分にあたる厚生変化が見込まれるのかを計算するものである. したがって，CEV が正である場合には，改革シナリオの方がベンチマークよりも厚生的に望ましいことを意味する.

　以下では，経済に参入する直前の家計の事前の期待生涯効用に基づく CEV を用いて厚生を比較する. これは，労働生産性に関するショックが実現する前の「無知のベール」に覆われた誕生世代が 2 つの異なる定常経済のどちらに参入するのをより好むかを表すものであり，次の式を満たす.

$$W\left(c_j^{Alt}, 1 - l_j^{Alt}\right) = W\left((1 + CEV)\, c_j^{Bm}, 1 - l_j^{Bm}\right) \quad (35)$$

上式を解くと，CEV は次のように定義される．

$$CEV = \exp\left[\frac{W\left(c_j^{Alt}, 1-l_j^{Alt}\right) - W\left(c_j^{Bm}, 1-l_j^{Bm}\right)}{\sum_{j=1}^{j_f} \beta^{j-1} q_j}\right] - 1 \quad (36)$$

5.3　基準額の引き上げによる影響

5.3.1　所得水準と年金額の関係性

　初めに，基準額の引き上げが在老制度における所得と年金の関係性をどのように変えるのかについて説明しよう．図 8 は，高教育水準の人々を例にとり，労働所得額 y_j と労働所得と厚生年金の合計額 $y_j + \left(p_{j,e} - bp\right)$ の間の関係（左図），労働所得と満額厚生年金の合計額 $y_j + \pi_e w N_y$ と 1 人あたりの平均年金額 $p_{j,e}$ の間の関係（右図）を示したものである．基準額が 47 万円であるベンチマークにおいては，労働所得が 39 万円（このとき，労働所得と満額年金の合計が 47 万円）を超えると厚生年金が減額されるようになり，56 万円（このとき，合計が 64 万円）を超えると厚生年金部分はゼロになる．ここで，基準額を 71 万

図 8　労働所得と年金の関係性：基準額の引き上げ

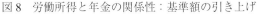

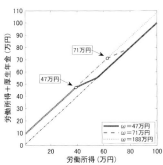
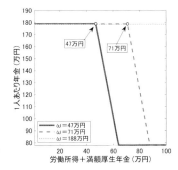

円に引き上げる改革を行うと，労働所得が 63 万円（このとき，合計が 71 万円）を超えると厚生年金が減額されるようになり，80 万円（このとき，合計が 88 万円）を超えると厚生年金はゼロになる．すなわち，ベンチマークでは，労働所得と満額年金の合計が 47〜71 万円の人々は年金を減額されるが，改革後には，彼らは減額なしに満額年金を受け取ることができるようになる．さらに，基準額を十分に高い 188 万円まで引き上げた場合には，年金が減額される人は存在しなくなり，すべての人々が満額の年金を受け取るようになる．

5.3.2　マクロ経済への影響

　次に，基準額の引き上げがマクロ経済に与える影響について議論する．表 3 から読み取れることをまとめると，以下のとおりである．

　まず老年の労働供給が促進される．老年労働は，基準額の 51 万円への引き上げにより 1.1％，制度を廃止することで 9.7％程度増加する．これは，在老制度の存在が高齢者の労働意欲を確かに減退させていることを意味する．一方で，労働参加率を見てみると，基準額の引き上げに対してほとんど変化がないことがわかる．このことから，在老制度の緩和は，制度により労働を抑制していた在職中の人々に対して労働時間を増やすようなインセンティブを与えるといえる．特に，表 4 からわかるように，基準額が比較的低いときには主に中低・低教育水準の人々が労働時間を増やすのに対し，基準額が高くなると主に高教育水準の人々が労働時間を増やすようになる．次に，対 GDP 比で見た総年金給付額は高まる．その上昇幅は，基準額を 51 万円に引き上げると 0.01％ポイント，制度の廃止により 0.05％ポイントと定量的に見ると小さいものの，これに伴い年金財政の維持には保険料の引き上げが必要となる．その結果，若年労働は減少することになる．基準額を引き上げた場合，なぜ年金給付が増加するのだろうか．

　そもそも，経済全体の年金給付額 *PB* は次の式に従って決定される

表 3　マクロ経済効果および厚生効果：基準額の引き上げ

	現行	緩和			廃止
基準額	47 万円	51 万円	71 万円	94 万円	188 万円
税率					
労働所得税	21.65%	21.65%	21.65%	21.65%	21.65%
年金保険料	17.83%	17.86%	17.95%	18.03%	18.04%
マクロ経済変数					
総生産	—	+0.0%	+0.0%	+0.1%	+0.3%
総資本ストック	—	−0.0%	−0.1%	−0.2%	−0.1%
総労働供給	—	+0.1%	+0.1%	+0.2%	+0.5%
若年労働	—	−0.0%	−0.1%	−0.2%	−0.2%
老年労働	—	+1.1%	+3.0%	+5.1%	+9.7%
総消費	—	+0.0%	+0.1%	+0.2%	+0.4%
金利	4.53%	4.54%	4.55%	4.57%	4.58%
賃金	—	−0.0%	−0.1%	−0.2%	−0.2%
年金給付対 GDP 比率	10.16%	10.17%	10.21%	10.24%	10.21%
労働参加率					
65〜69 歳	49.08%	49.07%	49.05%	49.04%	49.01%
70〜85 歳	22.70%	22.69%	22.65%	22.59%	22.54%
支給停止対象者数（Extensive Margin）					
全体	41.6 万人	34.3 万人	14.2 万人	3.0 万人	0.0 万人
- 高教育	36.6 万人	27.9 万人	12.5 万人	2.9 万人	0.0 万人
- 中高教育	3.6 万人	1.1 万人	1.7 万人	0.1 万人	0.0 万人
- 中低教育	1.3 万人	4.8 万人	0.1 万人	0.0 万人	0.0 万人
- 低教育	0.1 万人	0.5 万人	0.0 万人	0.0 万人	0.0 万人
CEV	0.00%	−0.02%	−0.08%	−0.13%	−0.07%

表 4　老年の平均労働時間：基準額の引き上げ

	現行	緩和			廃止
基準額	47 万円	51 万円	71 万円	94 万円	188 万円
全体	0.0%	+0.7%	+2.0%	+2.6%	+3.2%
- 高教育	0.0%	+0.3%	+1.0%	+3.4%	+5.7%
- 中高教育	0.0%	+1.2%	+5.0%	+5.0%	+4.6%
- 中低教育	0.0%	+1.6%	+3.7%	+3.1%	+2.8%
- 低教育	0.0%	+1.0%	+1.4%	+1.1%	+0.8%

ものである.

$$PB = (POP - POP_{cut}) \times p_{full} + POP_{cut} \times p_{cut} \tag{37}$$

where

$$p_{full} = bp + \pi_e w N_y \tag{38}$$

$$p_{cut} = \max\left[bp + \pi_e w N_y - \theta \times \max\left(y_j + \pi_e w N_y - \omega\right), bp\right] \tag{39}$$

(37) 式において, POP は 65 歳以上の人口数, POP_{cut} は支給停止対象者数, p_{full} は満額年金, p_{cut} は一部または全額が支給停止された年金をそれぞれ表している. (37) 式を見てもわかるように, 総年金給付額は, 制度により年金を支給停止されている人の数である POP_{cut}(Extensive Margin) と彼らが受け取る減額された年金である p_{cut}(Intensive Margin) の両者に依存している[21]. さらに, (39) 式が示すように, Intensive Margin である p_{cut} は, 基準額 ω や停止率 θ だけでなく労働所得 y_j からも影響を受ける. まず Extensive Margin であるが, 表 3 を見ると, 基準額の引き上げに伴い減少することがわかる. これは, 年金の減額が開始となる所得の閾値の引き上げが, 閾値を超える所得の人々の数を物理的に減らすためである. (38) 式および (39) 式からも明らかだが, p_{cut} は必ず p_{full} 以下となることから, こうした Extensive Margin の減少は経済全体の年金給付を押し上げることになる. 次に, Intensive Margin であるが, まず基準額の引き上げ自体は p_{cut} を押し上げる. 他方で, 先ほど見たような老年労働の促進は労働所得の増加を通じて p_{cut} を押し下げる. ただし, ここでは後者の効果は非常に小さいと考えられる.

---

[21] 一般的に労働経済学の分野では, Extensive Margin は「どれだけの人々が働いているのか」, Intensive Margin は「平均的にどれくらいの時間働いているのか」とされる. ここでは, これを参考に,「どれだけの人が年金を減額されているのか」を Extensive Margin,「平均的にどれくらい年金を減額されているのか」を Intensive Margin として捉えている.

図 9　所得分布：基準額の引き上げ

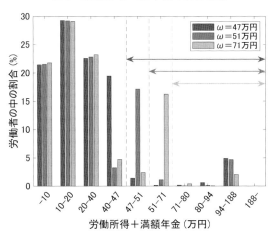

　図 9 は所得分布の変化を見たものである．これを見ると，確かに基準額の手前で労働を抑制していたような人が，新たな基準額への引き上げにより元々の基準額を超えて労働所得を高めることがわかる．しかし，彼らは新たな基準額を超えてまで労働を供給しようとはせず，その基準額の手前で再び労働を調整する．たとえば，基準額が 47 万円から 51 万円に引き上げられると，今まで 47 万円の手前で労働を調整していた多くの人々は労働を増やすが，51 万円を超えて年金が支給停止とはならないように，47〜51 万円の範囲で労働所得を増やそうとする．したがって，(39) 式において，基準額 ω を超えた労働所得 y_j の増加をほとんどもたらさない．結果的に，Intensive Margin も増加する可能性が高く，経済全体の年金給付を押し上げることになる．なお，図 10 に見るように，年金を減額されており Intensive Margin の増加に寄与するのは，主に中高・高教育水準の人々である．以上から，基準額の引き上げにおいては，Extensive Margin と Intensive Margin の双方による押し上げ圧力により，年金給付は増加することになる．

図 10　1 人あたり年金額：基準額の引き上げ

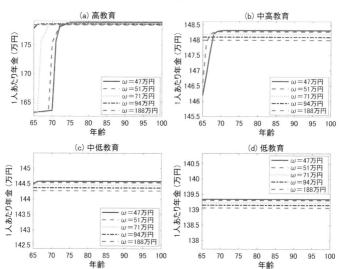

5.3.3　厚生への影響

　最後に，基準額の引き上げが経済厚生に与える影響について議論する．表 3 の最終行には等価変分 CEV を示しているが，これを見ると，基準額の引き上げによる制度緩和は厚生水準を引き下げることがわかる．その厚生損失は，基準額の 51 万円への引き上げで 0.02％，制度の廃止では 0.07％程度の消費変化に相当する．

　以下では，こうした厚生効果についてより深く理解するために，厚生の寄与分解を行う．まず事前準備として，(34) 式の期待生涯効用 W を次のように消費による部分 W_C と余暇による部分 W_L に分ける．

$$W = W_C + W_L \tag{40}$$

where

$$W_C = \int \mathbb{E}\left[\sum_{j=1}^{j_f} \beta^{j-1} q_j \left\{\log\left(c_j\right)\right\}\right] d\Phi_{j=1}\left(s\,|a=0\right) \tag{41}$$

$$W_L = \int \mathbb{E}\left[\sum_{j=1}^{j_f} \beta^{j-1} q_j \left\{\chi_j \frac{\left(1-l_j\right)^{1-\gamma}}{1-\gamma}\right\}\right] d\Phi_{j=1}\left(s\,|a=0\right) \tag{42}$$

次に，Conesa et al. (2009) や Peterman and Sager (2018) に従い，(36) 式の CEV を消費と余暇による寄与ごとに分解する．まず消費の変化による寄与 CEV_C は以下を満たす．

$$W_C\left(c^{Alt}\right) + W_L\left(1-l^{Bm}\right) = W_C\left(\left(1+CEV_C\right)c^{Bm}\right) + W_L\left(1-l^{Bm}\right) \tag{43}$$

これを解くと，

$$CEV_C = \exp\left[\frac{W_C\left(c^{Alt}\right) - W_C\left(c^{Bm}\right)}{\sum_{j=1}^{j_f} \beta^{j-1} q_j}\right] - 1 \tag{44}$$

となる．また，余暇の変化による寄与 CEV_L は以下を満たす．

$$W_C\left(c^{Alt}\right) + W_L\left(1-l^{Alt}\right) = W_C\left(\left(1+CEV_L\right)c^{Alt}\right) + W_L\left(1-l^{Bm}\right) \tag{45}$$

これを解くと，

$$CEV_L = \exp\left[\frac{W_L\left(1-l^{Alt}\right) - W_L\left(1-l^{Bm}\right)}{\sum_{j=1}^{j_f} \beta^{j-1} q_j}\right] - 1 \tag{46}$$

となる．このとき，(36), (44), (46) 式より，

$$\left(1+CEV\right) = \left(1+CEV_C\right)\left(1+CEV_L\right) \tag{47}$$

が成り立つ．以下では，$\mathrm{CEV_C}$ および $\mathrm{CEV_L}$ をさらに水準効果，年齢効果，分布効果の3つに分ける．水準効果とは，その変数の平均的な水準が変化することによる効果である．これは，消費や余暇の平均水準はベンチマークから変化したが，さまざまなタイプ・ライフサイクル・経済状態間の分布は変化しなかったと想定した場合に起きたであろう厚生の変化を捉えるものであり，いわば架空の代表的個人の厚生効果であるといえる．また，年齢効果は，その変数のライフサイクルを通じた配分の変化，すなわちライフサイクルプロファイルの傾きの変化による効果である．最後に，分布効果は，さまざまなタイプの個人間や経済状態間での消費や余暇の配分が変化することによる効果である．それぞれの効果への分解は次のようになる．

消費の変化による効果 $\mathrm{CEV_C}$

1. 水準効果 $\mathrm{CEV_{CL}}$ は以下を満たすものである．

$$W_C\left(\left(\frac{C^{Alt}}{C^{Bm}}\right)c^{Bm}\right)+W_L\left(1-l^{Bm}\right)=$$

$$W_C\left((1+CEV_{CL})c^{Bm}\right)+W_L\left(1-l^{Bm}\right) \tag{48}$$

where

$$C=\sum_{j=1}^{j_f}\sum_s c_j(s)\,\mu_j\,\Phi_j(s) \tag{49}$$

ここで，C は経済全体の平均的な消費水準である．これを解くと，

$$CEV_{CL}=\exp\left[\frac{W_C\left(C^{Alt}\right)-W_C\left(C^{Bm}\right)}{\sum_{j=1}^{j_f}\beta^{j-1}q_j}\right]-1=\frac{C^{Alt}}{C^{Bm}}-1 \tag{50}$$

となる．

2.　年齢効果 CEV_{CA} は以下を満たすものである.

$$CEV_{CA} = \frac{1 - p_{age}^{Alt}}{1 - p_{age}^{Bm}} - 1 \tag{51}$$

where

$$W_C\big((1 - p_{age}^{i})C^{i}\big) = W_C\big(C_{j}^{i}\big), \quad i \in \{Bm, Alt\} \tag{52}$$

ここで，C_j は j 歳の平均的な消費水準であり，以下を満たす.

$$C_j = \sum_s c_j(s)\,\Phi_j(s) \tag{53}$$

これを解くと，

CEV_{CA}

$$= \exp\left[\frac{\{W_C(C_j^{Alt}) - W_C(C^{Alt})\} - \{W_C(C_j^{Bm}) - W_C(C^{Bm})\}}{\sum_{j=1}^{j_f} \beta^{j-1} q_j}\right] - 1 \tag{54}$$

となる.

3.　分布効果 CEV_{CD} は以下を満たすものである.

$$CEV_{CD} = \frac{1 - p_{dist}^{Alt}}{1 - p_{dist}^{Bm}} - 1 \tag{55}$$

where

$$W_C\big((1 - p_{dist}^{i})C_{j}^{i}\big) = W_C\big(c^{i}\big), \quad i \in \{Bm, Alt\} \tag{56}$$

これを解くと，

CEV_{CD}

$$= \exp\left[\frac{\{W_C(c^{Alt}) - W_C(C_j^{Alt})\} - \{W_C(c^{Bm}) - W_C(C_j^{Bm})\}}{\sum_{j=1}^{j_f} \beta^{j-1} q_j}\right] - 1$$

(57)

となる．

このとき，(44), (50), (54), (57) 式より，

$$(1 + CEV_C) = (1 + CEV_{CL})(1 + CEV_{CA})(1 + CEV_{CD}) \tag{58}$$

が成り立つ．

余暇の変化による効果 CEV_L

1. 水準効果 CEV_{LL} は以下を満たすものである．

$$W_C(c^{Alt}) + W_L\left(\left(\frac{1 - L^{Alt}}{1 - L^{Bm}}\right)(1 - l^{Bm})\right) =$$

$$W_C((1 + CEV_{LL})c^{Alt}) + W_L(1 - l^{Bm}) \tag{59}$$

where

$$1 - L = 1 - \sum_{j=1}^{j_f} \sum_s l_j(s)\,\mu_j\,\Phi_j(s) \tag{60}$$

ここで，$1 - L$ は経済全体の平均的な余暇水準である．これを解

くと,

$$CEV_{LL} = \exp\left[\frac{\left\{ \left(\frac{1-L^{Alt}}{1-L^{Bm}} \right)^{1-\gamma} - 1 \right\} \times W_L \left(1 - l^{Bm} \right)}{\sum_{j=1}^{j_f} \beta^{j-1} q_j} \right] - 1 \quad (61)$$

となる.

2. 年齢効果 $\mathrm{CEV_{LA}}$ は以下を満たすものである.

$$W_C\left(c^{Alt} \right) + W_L \left(\left(\frac{W_L \left(1 - L_j^{Alt} \right)}{W_L \left(1 - L_j^{Bm} \right)} \right) \left(1 - l^{Bm} \right) \right) =$$

$$W_C\left(\left(1 + CEV_{LA} \right) c^{Alt} \right) + W_L \left(\left(\frac{1 - L^{Alt}}{1 - L^{Bm}} \right) \left(1 - l^{Bm} \right) \right) \quad (62)$$

where

$$1 - L_j = 1 - \sum_s l_j\left(s \right) \Phi_j\left(s \right) \quad (63)$$

ここで,$1 - L_j$ は j 歳の平均的な余暇水準である.これを解くと,

CEV_{LA}

$$= \exp\left[\frac{\left\{ \left(\frac{W_L \left(1 - L_j^{Alt} \right)}{W_L \left(1 - L_j^{Bm} \right)} \right)^{1-\gamma} - \left(\frac{1 - L^{Alt}}{1 - L^{Bm}} \right)^{1-\gamma} \right\} \times W_L \left(1 - l^{Bm} \right)}{\sum_{j=1}^{j_f} \beta^{j-1} q_j} \right] - 1$$

$$(64)$$

となる.

3. 分布効果 CEV_{LD} は以下を満たすものである.

$$W_C\left(c^{Alt}\right) + W_L\left(1-l^{Alt}\right) =$$

$$W_C\left(\left(1+CEV_{LD}\right)c^{Alt}\right) + W_L\left(\left(\frac{W_L\left(1-L_j^{Alt}\right)}{W_L\left(1-L_j^{Bm}\right)}\right)\left(1-l^{Bm}\right)\right) \quad (65)$$

これを解くと,

$$CEV_{LD}$$

$$= \exp\left[\frac{W_L\left(1-l^{Alt}\right) - \left(\frac{W_L\left(1-L_j^{Alt}\right)}{W_L\left(1-L_j^{Bm}\right)}\right)^{1-\gamma} \times W_L\left(1-l^{Bm}\right)}{\sum_{j=1}^{j_f} \beta^{j-1} q_j}\right] - 1$$

$$(66)$$

となる.

このとき, (46), (61), (64), (66) 式より,

$$\left(1+CEV_L\right) = \left(1+CEV_{LL}\right)\left(1+CEV_{LA}\right)\left(1+CEV_{LD}\right) \quad (67)$$

が成り立つ.

　表5には厚生の寄与分解の結果についてまとめている. 表5からわかるのは, 消費の変化と余暇の変化の双方が全体的な厚生悪化につながっているということである. まず消費に関しては, 水準効果は正となる. これは, 老年労働ひいては経済全体の労働力が増加し, 生産が高まることによるものである. 対して, 年齢効果と分布効果は負となる. 本モデルで想定している (4) 式のような効用関数のもとでは, 個人は危険回避的であり, 生涯を通じて消費や余暇をできるだけ平準化したいと考えている. このとき, 在老制度の緩和を通じて, 老年の労働供給や年金が増加する一方で若年の労働供給が減少すると, 個人の

消費プロファイルの傾きがより急になり，平準化の観点からは好まし
くなくなる．また，制度緩和は，主に支給停止対象者となる高所得層
に対して年金増の恩恵をもたらすことで，世代内の所得格差を拡大し，
異なる個人間においてより望ましくない消費の配分をもたらす．こう
した負の年齢効果と分布効果が正の水準効果を上回るほど大きいため，
全体的な消費による寄与は負となる．他方で，余暇に関しては，年齢
効果は正となる．在老制度の緩和は，若年労働を引き下げる一方で老
年労働を引き上げ，労働プロファイルの傾きをより平らにすることで，
生涯を通じた余暇時間を平準化させる．対して，水準効果は負となる．
これは，老年労働の増加が余暇時間の減少につながるためである．ま
た，分布効果は消費と同様に負となる．こうした負の水準効果と分布
効果が正の年齢効果を上回るほど大きいため，全体的な余暇による寄
与も負となる．

表 5　厚生の寄与分解：基準額の引き上げ

基準額	現行	緩和			廃止
	47 万円	51 万円	71 万円	94 万円	188 万円
CEV	0.00%	−0.02%	−0.08%	−0.13%	−0.07%
- 消費による寄与	0.00%	−0.01%	−0.05%	−0.10%	−0.02%
- 水準効果	0.00%	+0.04%	+0.10%	+0.16%	+0.39%
- 年齢効果	0.00%	−0.03%	−0.10%	−0.16%	−0.22%
- 分布効果	0.00%	−0.02%	−0.05%	−0.10%	−0.19%
- 余暇による寄与	0.00%	−0.01%	−0.03%	−0.02%	−0.05%
- 水準効果	0.00%	−0.01%	−0.02%	−0.02%	−0.03%
- 年齢効果	0.00%	+0.02%	+0.03%	+0.02%	+0.02%
- 分布効果	0.00%	−0.02%	−0.04%	−0.02%	−0.05%

　図 11 は，基準額の引き上げに従い厚生がどのように変化していくか
を見たものである．現行制度の 47 万円から基準額を引き上げていく
と，徐々に厚生は低下していく．94 万円を超える水準まで引き上げる
と，より高い労働効率性を持つ高教育水準の人々が労働を増加させる
ようになるために厚生は増加に転じるものの，依然として CEV はゼロ

を下回る．このように，基準額の引き上げは，在老制度により年金を減額されている高所得層を優遇することで世代内の格差を拡大し，厚生を悪化させてしまうといえる．

図 11　厚生コスト：基準額の引き上げ

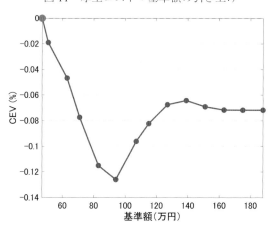

注）ベンチマーク経済（基準額 47 万円）では，CEV が 0％となる．

5.4　停止率の引き下げによる影響

5.4.1　所得水準と年金額の関係性

　初めに，第 5.3.1 節と同様に，停止率の引き下げが在老制度における所得と年金の関係性をどのように変えるのかについて説明しよう．図 12 は，高教育水準の人々を例にとり，労働所得額と年金額の間の関係を示したものである．

　基準額が 47 万円かつ停止率が 50％であるベンチマークでは，労働所得が 39 万円（このとき，労働所得と満額年金の合計が 47 万円）を超えると所得の増加 2 に対し厚生年金額 1 が停止されるようになる．こ

こで，停止率を 10％に引き下げる改革を行うと，労働所得と満額年金
の合計が 47 万円を超えた場合，所得の増加 10 に対し厚生年金額 1 が
停止されるようになる．すなわち，年金の減額が開始される所得水準
の閾値は変わらない一方で，減額の度合いが緩やかになる．したがっ
て，改革後には，同じ所得水準であっても受け取れる年金額はベンチ
マークよりも高くなる．なお，停止率を 0％まで引き下げると，年金
の減額はなくなり，すべての人々が労働所得の大きさにかかわらず満
額の年金を受け取るようになる．

図 12　労働所得と年金の関係性：停止率の引き下げ

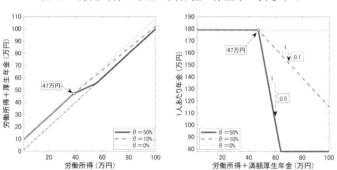

5.4.2　マクロ経済への影響

次に，停止率の引き下げがマクロ経済に与える影響について議論す
る．表 6 から読み取れることをまとめると，以下のとおりである．

まず基準額の引き上げと同様に，老年の就労が促進される．老年労
働は，停止率の 20％への引き下げにより 1.3％，制度を廃止すること
で 10.3％程度増加する．ただし，労働時間の変化を教育水準別に見た
表 7 からもわかるように，基準額の引き上げとは異なり，基本的に大
きく労働供給を増加させるのは高教育水準の人々となる．その一方で，

労働参加率はほとんど変わらないことから，やはり在老制度の緩和は
在職者の労働時間選択に大きな影響を与えるといえる．次に，対 GDP

表6　マクロ経済効果および厚生効果：停止率の引き下げ

停止率	現行 50%	緩和 20%	10%	5%	廃止 0%
税率					
労働所得税	21.65%	21.65%	21.65%	21.65%	21.65%
年金保険料	17.83%	17.81%	17.84%	17.92%	18.04%
マクロ経済変数					
総生産	—	+0.1%	+0.2%	+0.2%	+0.3%
総資本ストック	—	+0.1%	+0.1%	−0.0%	−0.1%
総労働供給	—	+0.1%	+0.2%	+0.4%	+0.5%
若年労働	—	−0.0%	−0.1%	−0.2%	−0.3%
老年労働	—	+1.3%	+3.9%	+6.9%	+10.3%
総消費	—	+0.1%	+0.2%	+0.3%	+0.4%
金利	4.53%	4.54%	4.55%	4.56%	4.58%
賃金	—	−0.0%	−0.1%	−0.1%	−0.2%
年金給付対 GDP 比率	10.16%	10.14%	10.14%	10.17%	10.21%
労働参加率					
65〜69 歳	49.08%	49.07%	49.05%	49.03%	49.01%
70〜85 歳	22.70%	22.67%	22.58%	22.54%	22.49%
支給停止対象者数（Extensive Margin）					
全体	41.6 万人	78.6 万人	109.7 万人	116.8 万人	—
- 高教育	36.6 万人	53.3 万人	62.4 万人	66.9 万人	—
- 中高教育	3.6 万人	15.1 万人	21.0 万人	23.6 万人	—
- 中低教育	1.3 万人	10.1 万人	25.0 万人	24.9 万人	—
- 低教育	0.1 万人	0.1 万人	1.3 万人	1.4 万人	—
CEV	0.00%	+0.04%	+0.05%	+0.002%	−0.07%

表7　老年の平均労働時間：停止率の引き下げ

停止率	現行 50%	緩和 20%	10%	5%	廃止 0%
全体	0.0%	+0.6%	+2.1%	+3.0%	+3.9%
- 高教育	0.0%	+1.0%	+3.3%	+5.0%	+6.7%
- 中高教育	0.0%	+1.2%	+3.3%	+4.3%	+5.2%
- 中低教育	0.0%	+0.1%	+1.2%	+2.0%	+3.1%
- 低教育	0.0%	−0.0%	+0.3%	+0.7%	+1.0%

比で見た総年金給付額は，ある程度の停止率の引き下げであれば低下するものの，引き下げすぎると反対に上昇してしまう．停止率を 20％に引き下げると 0.02％ポイント減少するが，5％まで引き下げるとむしろ 0.01％ポイント，制度の廃止で 0.05％ポイント上昇する．これは，第 5.3.2 節で見た基準額の引き上げとは異なる結果である．基準額の引き上げと停止率の引き下げは，在老制度の緩和という意味では同じであるにもかかわらず，なぜ停止率を引き下げる場合には必ずしも年金給付が増加しないのだろうか．

　(37)〜(39)式で定義したように，総年金給付 PB の変化は，支給停止対象者数 POP_{cut} が表す Extensive Margin と彼らの年金額 p_{cut} が表す Intensive Margin の両者の増減によって決まる．まず Extensive Margin であるが，表 6 を見ると，停止率の引き下げに伴い増加することがわかる．これは，所得と満額年金の合計額が基準額を上回った場合に行われる年金の減額調整が小さくなることで，今まで基準額の手前で労働を抑制していた人々の中に，労働供給を増加させ，基準額を上回るほど労働所得を高めることを選択する人が現れることを意味している．こうした Extensive Margin の増加は経済全体の年金給付を押し下げることになる．一方の Intensive Margin であるが，まず停止率の引き下げ自体は p_{cut} を押し上げる．しかし，労働所得 y_j の増加は反対に p_{cut} を押し下げる．

　図 13 は所得分布の変化を見たものである．ここで重要なのは，図 9 で見た基準額の引き上げとは異なり，多くの人が基準額を超えて労働を増加させるという点である．たとえば，47〜60 万円の所得階層に注目すると，停止率が 50％のベンチマークに比べて 20％および 10％の停止率のときにはその割合が大きく増えている．したがって，Intensive Margin の増減は，停止率の低下を通じた増加効果と所得増を通じた減少効果のどちらが支配的になるかに依存する．あまり停止率を引き下げない場合には，前者の増加効果は小さく，Intensive Margin は減少あ

58

るいは小幅の増加となる可能性が高い．それに対して，停止率を引き
下げすぎると，前者の増加効果が大きくなり，Intensive Margin は増加
あるいは小幅の減少となる可能性が高い．こうした Intensive Margin の
変化を Extensive Margin の増加と合わせた総合的な効果として，ある
程度の停止率の引き下げであれば経済全体の年金給付は押し下げられ
るが，引き下げすぎるとむしろ年金給付は押し上げられるという結果
が得られたと考えられる．なお，図 14 が示すように，停止率を引き下
げる場合には，たとえ中低・低教育水準であっても 70 歳未満の比較的
若い人々であれば，基準額を超えるような労働所得の増加により年金
が減額されることになる．

図 13　所得分布：停止率の引き下げ

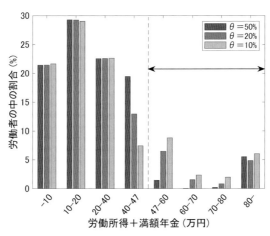

5.4.3　厚生への影響

　最後に，停止率の引き下げが経済厚生に与える影響について議論す
る．表 6 の最終行に示した CEV からわかるように，停止率の引き下げ
による制度緩和は，その緩和程度が小さければ厚生水準を引き上げる

ものの，緩和程度が大きい場合には厚生水準を引き下げる．たとえば，停止率の20%への引き下げであれば0.04%の厚生改善となるが，制度を廃止すると0.07%の厚生悪化となる．

　こうした厚生効果についてより深く理解するため，第5.3.3節と同様

図14　1人あたり年金額：停止率の引き下げ

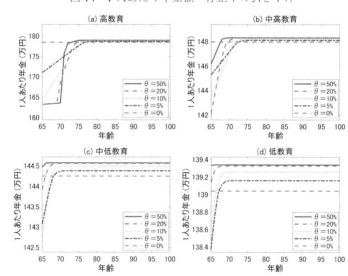

表8　厚生の寄与分解：停止率の引き下げ

停止率	現行	緩和			廃止
	50%	20%	10%	5%	0%
CEV	0.00%	+0.04%	+0.05%	+0.002%	−0.07%
- 消費による寄与	0.00%	+0.05%	+0.08%	+0.05%	−0.01%
- 水準効果	0.00%	+0.07%	+0.20%	+0.31%	+0.42%
- 年齢効果	0.00%	−0.01%	−0.07%	−0.14%	−0.24%
- 分布効果	0.00%	−0.01%	−0.05%	−0.12%	−0.20%
- 余暇による寄与	0.00%	−0.01%	−0.03%	−0.04%	−0.06%
- 水準効果	0.00%	−0.01%	−0.03%	−0.03%	−0.03%
- 年齢効果	0.00%	+0.03%	+0.06%	+0.06%	+0.04%
- 分布効果	0.00%	−0.02%	−0.06%	−0.07%	−0.07%

に厚生の寄与分解を行った結果が表 8 である．これを見ると，厚生改善は主に消費の変化によりもたらされることがわかる．停止率引き下げにおいても，基準額引き上げと同じように，消費の水準効果は正となり，年齢効果と分布効果は負となる．また，余暇に関しては，水準効果と分布効果が負となり，年齢効果が正となる．しかし，ある程度までの停止率の引き下げであれば，消費の正の水準効果が負の年齢・分布効果を上回るほど大きく，全体的な消費による寄与は正となる．これは，表 7 で見たように，停止率の引き下げは労働効率性の高い個人の労働を増加させる効果を持つことから，消費の水準を大きく引き上げるためである．ただし，停止率を引き下げすぎてしまうと，やはり制度緩和に伴う公平性の低下が大きく現れ，厚生は悪化することになる．

　図 15 は，停止率の引き下げに従い厚生がどのように変化していくかを見たものである．まず現行制度の 50％から停止率を引き下げていくと，30％程度までは厚生にほとんど影響はない．これはつまり，30％までの引き下げでは，特に在老制度を気にして労働を調整しているよ

図 15　厚生コスト：停止率の引き下げ

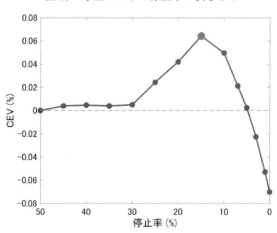

注）ベンチマーク経済（停止率 50％）では，CEV が 0％となる．

うな人々に対して行動を変化させるインセンティブを与えないことを
意味する．しかし，30%を超えて停止率を引き下げていくと，労働供
給の増加を通じて生産が高まることで，厚生は増加する．なお，CEV
が最も大きくなるのは停止率が15%付近のときであり，それ以上停止
率を引き下げてしまうとかえって厚生は低下し，CEV がゼロを下回る
可能性さえある．以上のように，停止率については，ある程度の引き
下げであれば厚生改善が期待できるものの，引き下げすぎた場合には，
格差拡大に伴い厚生はむしろ悪化してしまうといえる．

第6章　感応度分析

　本章では，第5章で得られた数値計算結果に対して，モデルやパラメータ，改革シナリオに関する仮定がどのような影響を与えているのかについて考察する．まず，生存確率や各所得層の人口割合など人口構造に関して異なるシナリオを想定する．次に，在老制度をむしろ強化する場合，制度緩和と対称的な効果が得られるのかについて議論を行う．最後に，基準額と停止率という2つの政策変数を同時に動かした場合について分析する．以下では，第5章のシミュレーションケースをベースラインケースと呼ぶこととする．

6.1　人口構造が変化した場合

　本節では，高齢者人口の比率や教育水準別の労働者の割合といった人口構造に関する仮定を変更した場合，ベースラインケースの結果がどのように変わるのかについて分析を行う．

　第4.1節で述べたように，ベースラインケースでは，2015年の高齢化率32.6%を再現するような人口分布を設定していた．しかし，我が国では，急速な少子高齢化の進行に伴い，若年世代に対する老年世代の割合が今後とも増加していくことが見込まれている．そこで，ベースラインケースよりも高齢化率が高い状況を想定する．具体的には，生存確率として，社人研の『日本の将来推計人口（平成29年推計）』データにおける2065年の予測値を用いることとした．また，人口成長率 n を -1.1%とすることで，モデルの高齢化率を社人研が予測する2065

年の高齢化率44.8％に近づけた．このケースを高齢化ケースと呼ぶこととする．

　また，第4.2節で述べたように，ベースラインケースでは，所得層ごとの人口割合について，高教育（大学・大学院卒）を35.1％，中高教育（短大・高専卒）を18.4％，中低教育（高校卒）を43.3％，低教育（中学卒）を3.2％としていた．しかし，我が国では，ここ数十年にわたり，教育水準の高い労働者の割合が増加する一方で教育水準の低い労働者の割合が減少している．厚生労働省の『平成15年賃金構造基本統計調査』によると，2003年時点では高教育層の割合が24.4％であるのに対し，低教育層の割合は10.6％であった．すなわち，2003年から2015年の間に，高教育層は10.7％増加した一方で，低教育層は7.4％減少したのである．今後もこうした傾向が続くことを想定し，教育水準の高い人々がベースラインケースよりも多く存在するような状況を考える．具体的には，教育水準が高い順に，所得層ごとの人口割合を50.0％，30.0％，20.0％，0.0％と置いた．このケースを高所得増ケースと呼ぶこととする．

　各ケースにおける制度改革の効果の違いを分析する前に，まず現行制度（基準額47万円かつ停止率50％）のもとで計算したベンチマーク経済を比較する．その結果をまとめたものが表9である．高齢化ケースでは，ベースラインケースと比べて対GDP比で見た年金給付が大きく，年金保険料も高い．これは，高齢化ケースでは，年金を受け取

表9　ベンチマークの経済変数の比較

	ベースラインケース	高齢化ケース	高所得増ケース
年金保険料	17.8％	25.1％	18.5％
資本労働比率	5.86	6.36	5.69
年金給付対GDP比率	10.2％	13.8％	10.5％
労働参加率（65～69歳）	49.1％	58.2％	51.6％
労働参加率（70～85歳）	22.7％	29.3％	25.4％
支給停止対象者割合	1.23％	2.79％	1.35％

る高齢者の数がより多い一方で，保険料の納付を通じて年金システム
を支える若年層の数がより少ないためである．また，生存確率の上昇
を通じて平均寿命が伸びることで，個人の貯蓄や老年労働のインセン
ティブが高まる．したがって，労働所得と年金の合計額が基準額を超
えることで年金を減額される高齢者の割合はベースラインケースより
も上昇する．対して，高所得増ケースでは，労働効率性の高い高教育
層がより多く存在するため，ベースラインケースと比べて平均的な若
年労働の水準が高まる．したがって，若年労働に依存する年金給付額
は大きくなり，財政の維持には少しだけ高い保険料が要求される．ま
た，高齢化ケースと同様，老年の労働参加率はベースラインケースよ
りも高くなり，支給停止対象者割合も増加する．なぜならば，教育水
準すなわち労働効率性がより高い人々の数が増えるためである．

6.1.1　人口の高齢化による影響

　表10は，ベースラインケースと高齢化ケースを比較したものである．
高齢化ケースでは，ベースラインケースと同様，在老制度の緩和によ
る老年労働の促進が見てとれる．また，厚生的観点から見れば，基準

表 10　マクロ経済効果および厚生効果：高齢化による影響

	現行	基準額の引き上げ		停止率の引き下げ		
基準額	47 万円	51 万円	71 万円	47 万円	47 万円	47 万円
停止率	50%	50%	50%	20%	10%	5%
ベースラインケース						
年金保険料	17.83%	17.86%	17.95%	17.81%	17.84%	17.92%
老年労働	—	+1.1%	+3.0%	+1.3%	+4.0%	+7.0%
年金給付対 GDP 比率	10.16%	10.17%	10.21%	10.14%	10.14%	10.17%
CEV	0.00%	−0.02%	−0.08%	+0.04%	+0.05%	+0.002%
高齢化ケース						
年金保険料	25.10%	25.16%	25.34%	25.09%	25.15%	25.32%
老年労働	—	+0.1%	+1.4%	+0.4%	+1.9%	+3.5%
年金給付対 GDP 比率	13.80%	13.83%	13.91%	13.79%	13.79%	13.86%
CEV	0.00%	−0.06%	−0.24%	+0.02%	+0.001%	−0.15%

額の引き上げではなくある程度の停止率の引き下げが望ましいという結果も維持されている．ただし，両ケースの効果には定量的に違いが見られる．高齢化ケースでは，基準額の引き上げや停止率の引き下げに伴う厚生悪化はより大きく，厚生改善はより小さくなっている．特に，ベースラインケースと異なり，停止率の5%への引き下げは厚生損失をもたらすことになる．こうした違いはどこからくるのだろうか．第5.3節および第5.4節の議論を思い出すと，基本的に制度緩和により大きく労働供給行動を変え得るのは，現行制度のもとで所得が基準額を下回っているような人々である．しかし，高齢化ケースでは，表9における停止対象者割合がより大きな値であることからもわかるように，そうした基準額以下の所得階層の割合がベースラインケースと比べて少ない．そのため，制度緩和が老年労働を高める効果はより小さくなり，消費水準もさほど増加しなくなる．たとえば，基準額を71万円に引き上げた場合，ベースラインケースでは老年労働が3.0%増加するのに対して，高齢化ケースでは1.4%の増加にとどまる．また，高齢化ケースでは，より多くの支給停止対象者が制度緩和を通じた年金増の恩恵を受けることで，年金給付の増加幅は大きく，それに伴い保険料の引き上げ幅も大きくなる．基準額を71万円に引き上げた場合，ベースラインケースでは年金給付対GDP比率が0.05%ポイント，保険料が0.12%ポイント上昇するのに対して，高齢化ケースでは前者が0.11%ポイント，後者が0.24%ポイント近く上昇する．したがって，若年労働が大きく減少し，個人の消費プロファイルの傾きはより急となる．このように，水準効果による正の寄与が小さくなる一方で，年齢効果による負の寄与が大きくなることで，高齢化ケースでは厚生の改善が小さく，悪化は大きくなると考えられる．

6.1.2　所得層別の人口割合の変化による影響

　表 11 は，ベースラインケースと高所得増ケースを比較したものである．高所得増ケースにおいても，制度緩和によるマクロ経済変数や厚生水準の増減は定性的にはベースラインケースと変わらない．しかし，定量的に見ると，基準額の引き上げに伴う厚生悪化は高所得増ケースの方がより大きいことがわかる．また，停止率の引き下げに伴う厚生改善については，20%への引き下げでは高所得増ケースの方が大きい一方で，10%への引き下げでは反対にベースラインケースの方が大きくなる．なお，高所得増ケースにおいては，停止率の5%への引き下げはむしろ厚生を引き下げてしまう．表9が示すように，高所得増ケースにおける基準額以下の所得階層の割合もベースラインケースと比べるとより小さい．そのため，前節の高齢化ケースと同様，基準額の引き上げによる老年労働の増加効果は小さくなる．また，年金給付の増加効果はより大きく，要求される保険料の引き上げ幅も大きなものとなる．結果的に，消費の正の水準効果が弱まり，負の年齢効果が強まることで，厚生悪化の程度は大きくなる．一方で，停止率の引き下げについては，ベースラインケースよりも老年労働を大きく高めるとい

表11　マクロ経済効果および厚生効果：所得層割合の変化による影響

	現行	基準額の引き上げ		停止率の引き下げ		
基準額	47 万円	51 万円	71 万円	47 万円	47 万円	47 万円
停止率	50%	50%	50%	20%	10%	5%
ベースラインケース						
年金保険料	17.83%	17.86%	17.95%	17.81%	17.84%	17.92%
老年労働	—	+1.1%	+3.0%	+1.3%	+4.0%	+7.0%
年金給付対 GDP 比率	10.16%	10.17%	10.21%	10.14%	10.14%	10.17%
CEV	0.00%	–0.02%	–0.08%	+0.04%	+0.05%	+0.002%
高所得増ケース						
年金保険料	18.45%	18.49%	18.62%	18.42%	18.47%	18.57%
老年労働	—	+0.5%	+2.8%	+1.6%	+4.1%	+7.6%
年金給付対 GDP 比率	10.49%	10.50%	10.56%	10.46%	10.47%	10.49%
CEV	0.00%	–0.03%	–0.13%	+0.05%	+0.04%	–0.004%

68

う点で高齢化ケースとは異なる．第5.4.2節の表7で見たように，停止率を引き下げた場合には，主に高・中高教育水準の人々が労働を増加させる．したがって，教育水準の高い人々の割合が大きい高所得増ケースでは，より大きな老年労働の促進が期待されるのである．その結果，消費の正の水準効果は強まることになり，停止率の20％への引き下げではベースラインケースよりも厚生改善効果が大きくなる．しかし，10％や5％のように停止率を大きく引き下げた場合には，厚生改善の程度は小さく，悪化の程度は大きくなってしまう．これは，正の水準効果の増大を上回るほどに，負の年齢効果と分布効果が強まるためであると考えられる．特に，高所得増ケースでは，所得の高い人々がより多く存在することから，彼らの優遇を通じた負の分布効果すなわち不公平性の拡大がより大きく現れることになる．

6.2　在老制度を強化した場合

　ベースラインケースでは，現在政府が検討している緩和方向への見直しを背景に，制度の緩和あるいは廃止の効果に焦点を当ててきた．第5.3節および第5.4節の分析では，制度緩和が厚生に与える影響は，基準額と停止率のどちらを政策変数として用いるのか，またどの程度緩和を行うのかによって異なり，厚生を悪化させる可能性もあることが明らかになった．ここでは，反対に制度を強化する場合について分析を行い，緩和する場合と対称的な厚生効果が得られるのかについて議論する．表12には，基準額の引き下げと停止率の引き上げによる在老制度の強化における厚生変化をまとめている．なお，比較のため，制度緩和による厚生変化の結果も載せている．

　表12からもわかるように，制度の緩和と強化の厚生効果は対称的とはいえない．まず基準額を引き下げた場合，厚生は改善する．これ

は，年金の減額が始まる労働所得の閾値が低下することで老年の労働
意欲が削がれるものの，より多くの人々の年金が支給停止となること
を通じた所得格差を縮小する効果がそうした労働供給の減少効果を上
回るためである．ただし，基準額の引き上げによる制度緩和と比較す
ると，基準額の引き下げによる制度強化では厚生がより大きく変化す
ることがわかる．このことから，現行の47万円という基準額はすでに
ある程度高い水準であり，非常に限られた一部の高所得者のみが年金
を減額されている状態であるといえる．したがって，基準額をこれ以
上高めても経済や人々の厚生に影響を与える余地は少ないと見ること
ができる．厚生的観点から見れば，基準額という所得の閾値を設ける
ことによる歪みは大きく，むしろ広範な人々に制度が適用されるよう
に基準額を引き下げる方が望ましい．次に，停止率を引き上げた場合，
厚生はほとんど変化しない．理由の1つとして考えられるのは，現行
の50%という停止率がすでに十分に高い年金減額率であるということ
である．現行制度のもとですでに年金が減額されているような高所得
者において，彼らの年金額は労働所得額と比較して小さなものである．
そのため，たとえ停止率の引き上げにより年金減額の度合いが少し高
まったとしても，それに伴いわざわざ労働供給を減らすような行動を
とることはないと推察される．なぜならば，彼らは高い労働効率性を

表12　制度強化による厚生変化

	現行	強化		（緩和）	
基準額	47万円	43万円	23万円	51万円	71万円
停止率	50%	50%	50%	50%	50%
CEV	0.00%	+0.04%	+0.22%	−0.02%	−0.08%

	現行	強化		（緩和）	
基準額	47万円	47万円	47万円	47万円	47万円
停止率	50%	80%	90%	20%	10%
CEV	0.00%	−0.00%	−0.00%	+0.04%	+0.05%

注）上表が基準額の引き下げ，下表が停止率の引き上げを表している．

持ち，労働供給を行うことを通じて所得増の恩恵をより大きく受けるためである．

6.3　基準額と停止率を同時に変更した場合

　ベースラインケースでは，基準額あるいは停止率のどちらか一方のみを変更することによる在老制度の緩和シナリオを仮定していた．しかし，実際には，政府は基準額と停止率という2つの政策変数を同時に動かすことが可能である．表13は，基準額47万円かつ停止率50％の現行制度のもとでのベンチマークを基準としたうえで，基準額と停止率のそれぞれの組み合わせにおける厚生変化についてCEVを計算し，まとめたものである．

　第5.3節でも見たように，停止率を50％に据え置いたまま基準額を51万円に少しだけ引き上げると，厚生は悪化する．しかし，基準額の引き上げと同時に停止率の20％や10％への引き下げを行うことで，ベンチマークよりも厚生を改善することができる．これは，停止率の引き下げを通じて，高い労働効率性を持つ高教育水準の人々の労働供給が促進されることで，基準額の引き上げに伴う公平性低下の負の効果を打ち消して余りあるほどの消費の正の水準効果が生み出されるためである．ただし，第5.4節の分析結果と同様，停止率を5％まで大きく引き下げるとやはり厚生は悪化してしまう．また，基準額を71万円や

表13　厚生変化：基準額の引き上げと停止率の引き下げの組み合わせ

		停止率			
		50%	20%	10%	5%
基準額	47 万円	0.00%	+0.04%	+0.05%	+0.00%
	51 万円	−0.02%	+0.02%	+0.03%	−0.01%
	71 万円	−0.08%	−0.03%	−0.03%	−0.04%
	94 万円	−0.13%	−0.11%	−0.07%	−0.06%

94 万円へと大きく引き上げる場合には，公平性低下の負の効果が非常に大きく現れるため，たとえ停止率の引き下げを同時に行ったとしても，ベンチマークよりも厚生を改善することはできない．表 13 が示すように，基準額の引き上げと停止率の引き下げの組み合わせ次第では現行よりも厚生を高めることが可能となるものの，厚生的観点から見れば，基準額は変えずに停止率を 10 ％程度まで引き下げる政策が望ましいと考えられる．

第7章　おわりに

　本書では，在職老齢年金制度（在老制度）の見直しがもたらす経済効果について分析を行った．具体的には，制度の緩和あるいは廃止が，高齢者の就労行動，マクロ経済変数，年金財政，経済厚生に与える影響を，大規模な世代重複モデルを用いた数値シミュレーションにより定量的に検証した．特に，基準額の引き上げと停止率の引き下げという考え得る2つの政策手段を想定し，それらの政策効果を比較した．主な結論は以下のとおりである．

　基準額を引き上げた場合，主に中低・低所得層の高齢者が労働供給を増やすことが期待される．しかし，彼らの多くは新たな基準額を超えてまで労働所得を高めようとはせず，引き上げられた基準額の手前で労働供給を調整する．したがって，労働所得の上昇を通じて年金の減額が強められるという効果はあまり生じない．むしろ，基準額それ自体の引き上げを通じた効果により，年金減額の程度は和らげられる．他方で，基準額の引き上げは，在老制度により年金が支給停止となる人の数を物理的に減少させる．その結果，経済全体の年金給付は増加し，年金財政の維持にはより高い保険料が要求されることになる．また，平均的な個人の厚生水準については，基準額の引き上げに伴い悪化してしまう．これは，労働力の増加を通じた経済の平均消費水準が高まる正の厚生効果を，個人のライフサイクルにおける資源配分の変化や高所得者優遇を通じた所得格差の拡大による負の厚生効果が大きく上回るためである．

　これに対し，停止率を引き下げた場合，主に中高・高所得層の高齢

者が労働供給を増やすことが期待される．このとき，彼らは基準額を超えて労働所得を高めようとするため，年金が支給停止となる人の数は増加することになる．他方で，彼らの年金額については，所得増を通じた低下圧力と停止率それ自体の引き下げを通じた増加圧力の2つが生じることから，その増減は一概にはわからない．ただし，停止率を大きく引き下げるほど，後者の増加圧力が支配的となっていく．そのため，これらの総合的な効果から，ある程度の停止率の引き下げであれば経済全体の年金給付を押し下げることができるものの，大幅に引き下げた場合には，反対に年金給付は増加してしまう．また，基準額の引き上げとは異なり，より労働効率性ひいては所得の高い高齢者の労働力が大きく増加することで，消費増加による正の厚生効果が大きく現れ，ある程度の停止率の引き下げであれば厚生水準を改善することができる．しかしながら，停止率を引き下げすぎると，やはり公平性低下の負の厚生効果から厚生水準は悪化してしまう．

以上から，マクロ経済，年金財政および厚生的な観点から見れば，在老制度を緩和させる際には，基準額ではなく停止率を適度に動かすのが望ましい，と結論付けられる．

本書の分析には多くの課題が残されている．まず本書のモデルでは，我が国のマイクロデータの制約もあり，健康と就労の関係性について考慮できていない．しかし，特に高齢者の就労阻害要因としては，体力低下や病気が思い浮かぶのが自然だろう．実際，独立行政法人労働政策研究・研修機構（JILPT）の『令和2年60代の雇用・生活調査』によれば，仕事をしたいと感じていながらも仕事につけなかった高齢者の主な理由として最も多いのが「自身の健康上の理由」となっている．また，濱秋・野口 (2010) は，特に中高齢の男性において，健康状態の悪化は退職確率を有意に上昇させ，労働時間を減少させると述べている．そのため，高齢者就労に焦点を当てるうえでは，健康と労働および所得のつながりをモデルの中で捉えることが重要かもしれない．健

康の悪化が労働に負の影響を与えるとすれば，在老制度の緩和による就労促進効果は本書よりも小さなものとなることが予想される．

　また，本書では高在老に焦点を当てたが，2022年に緩和が施行予定であることを鑑みると，低在老についての分析が必要だろう．特に，低在老の場合，年金の計算方法がより複雑であるだけでなく，政策変更が年金の繰り上げ受給選択に関する個人の意思決定にも影響を与えることから，高在老とは異なる政策効果がもたらされる可能性がある．なお，繰り上げ受給についても，低在老の見直しとともに議論が進んでおり，繰り上げに伴う年金の減額率を縮小することが検討されている．こうした年金と高齢者就労の関係についてより深く分析するためには，年金の受給開始や労働期間に関する個人の選択を考慮したモデルの構築が求められる．

　さらに，本書では定常状態の比較のみを行ったが，改革によって現行の制度から新しい均衡へとどのように経済が移行していくかを明示的に考察することも重要である．在老制度の改革を通じて，どの世代が恩恵を受けるのか，あるいは痛みを感じるのか，それらはどの程度の大きさであるのか，といった分析を行うべきだろう．これらの問題は今後の研究課題としたい．

参考文献

[1] 石井加代子・黒澤昌子 (2009)「年金制度改正が男性高齢者の労働供給行動に与える影響の分析」,『日本労働研究雑誌』, 第589号, 43–64.

[2] 岩本康志 (2000)「在職老齢年金制度と高齢者の就業行動」,『季刊社会保障研究』, 第35巻, 第4号, 364–376.

[3] 神田慶司 (2020)「在職老齢年金制度の見直しとその影響」,『季刊個人金融』, 2020年春号, 41–50.

[4] 田村泰地 (2017)「年金制度の改正が高齢者の就労に与える影響」,『ファイナンス』, 2月号, 79–87.

[5] 内閣府政策統括官 (2018)「60代の労働供給はどのように決まるのか?—公的年金・継続雇用制度等の影響を中心に—」,「政策課題分析シリーズ16」, 2018年7月.

[6] 濱秋純哉・野口晴子 (2010)「中高齢者の健康状態と労働参加」,『日本労働研究雑誌』, 第52巻, 第8号, 5–24.

[7] 樋口美雄・山本勲 (2002)「わが国男性高齢者の労働供給行動メカニズム—年金・賃金制度の効果分析と高齢者就業の将来像—」,『金融研究』, 第21巻別冊2号, 31–77.

[8] 山田篤裕 (2012)「雇用と年金の接続:在職老齢年金の就業抑制効果と老齢厚生年金受給資格者の基礎年金繰上げ受給要因に関する分析」,『三田学会雑誌』, 第104巻, 第4号, 587–605.

[9] Attanasio, O.P., S. Kitao, and G.L. Violante (2011) "Financing Medicare: A General Equilibrium Analysis," In *Demography and the Economy*, edited by J.B. Shoven, Chicago: University of Chicago Press, 333–370.

[10] Auerbach, A.J., and L.J. Kotlikoff (1987) *Dynamic Fiscal Policy*, Cambridge: Cambridge University Press.

[11]   Carroll, C.D. (2006) "The Method of Endogenous Gridpoints for Solving Dynamic Stochastic Optimization Problems," *Economics Letters*, Vol.91, 312–320.

[12]   Conesa, J.C., and D. Krueger (1999) "Social Security Reform with Heterogeneous Agents," *Review of Economic Dynamics*, Vol.2, 757–795.

[13]   Conesa, J.C., S. Kitao, and D. Krueger (2009) "Taxing Capital? Not a Bad Idea after All!" *American Economic Review*, Vol.99, No.1, 25–48.

[14]   Conesa, J.C., D. Costa, P. Kamali, T.J. Kehoe, V.M. Nygard, G. Raveendranathan, and A. Saxena (2018) "Macroeconomic Effects of Medicare," *Journal of the Economics of Aging*, Vol.11, 27–40.

[15]   French, E. (2005) "The Effects of Health, Wealth, and Wages on Labour Supply and Retirement Behaviour," *Review of Economic Studies*, Vol.72, 395–427.

[16]   Hsu, M., and T. Yamada (2019) "Population Aging, Health Care, and Fiscal Policy Reform: The Challenges for Japan," *The Scandinavian Journal of Economics*, Vol.121, Issue 2, 547–577.

[17]   Huggett, M. (1996) "Wealth Distribution in Life-cycle Economies," *Journal of Monetary Economics*, Vol.38, 469–494.

[18]   Imrohoroglu, A., S. Imrohoroglu, and D.H. Joines (1995) "A Life Cycle Analysis of Social Security," *Economic Theory*, Vol.6, No.1, 83–114.

[19]   Imrohoroglu, S., and S. Kitao (2009) "Labor Supply Elasticity and Social Security Reform," *Journal of Public Economics*, Vol.93, 867–878.

[20]   Imrohoroglu, S., and N. Sudo (2011) "Productivity and Fiscal Policy in Japan: Short-Term Forecasts from the Standard Growth Model," *Monetary and Economic Studies*, Vol.29, 73–106.

[21]   Kitao, S. (2014) "Sustainable Social Security: Four Options," *Review of Economic Dynamics*, Vol.17, 756–779.

[22] Krueger, D., and A. Ludwig (2007) "On the Consequences of Demographic Change for Rates of Returns to Capital, and the Distribution of Wealth and Welfare," *Journal of Monetary Economics*, Vol.54, 49–87.

[23] Kudrna, G. (2016) "Economy-wide Effects of Means-tested Pensions: The Case of Australia," *Journal of the Economics of Ageing*, Vol.7, 17–29.

[24] Kudrna, G., and A. Woodland (2011) "An Inter-temporal General Equilibrium Analysis of the Australian Age Pension Means Test," *Journal of Macroeconomics*, Vol.33, 61–79.

[25] Kudrna, G., C. Tran, and A. Woodland (2018) "Sustainable and Equitable Pensions with Means Testing in Aging Economies," ARC Centre of Excellence in Population Ageing Research Working Paper 21.

[26] Kumru, C.S., and J. Piggott (2010) "Should Public Retirement Pensions Be Means-tested?" DEGIT Conference Papers No.049, DEGIT, Dynamics, Economic Growth, and International Trade.

[27] Kuroda, S., and I. Yamamoto (2008) "Estimating Frisch Labor Supply Elasticity in Japan," *Journal of the Japanese and International Economies*, Vol.22, Issue 4, 566–585.

[28] Maattanen, N., and P. Poutvaara (2007) "Should Old-age Benefits be Earnings-tested?" IZA Discussion Paper No.2616.

[29] Nishiyama, S., and K. Smetters (2007) "Does Social Security Privatization Produce Efficiency Gains?" *Quarterly Journal of Economics*, Vol.122, Issue 4, 1677–1719.

[30] Okamoto, A. (2013) "Simulating Public Pension Reforms in an Aging Japan: Welfare Analysis with LSRA Transfers," *Public Policy Review*, Vol.9, No.4, 597–632.

[31] Oshio, T., S. Shimizutani, and A.S. Oishi (2020) "Examining How Elderly Employment is Associated with Institutional Disincentives in Japan," *Journal of the Japanese and International Economies*,

Vol.56, 101078.

[32] Peterman, W., and E. Sager (2018) "Optimal Public Debt with Life Cycle Motives," FEDS Working Paper No.2018-028.

[33] Sefton, J.J., J. vandeVen, and M. Weale (2009) "Means Testing Retirement Benefits: Fostering Equity or Discouraging Savings?" *The Economic Journal*, Vol.118, 556–590.

[34] Shimizutani, S., and T. Oshio (2013) "Revisiting the Labor Supply Effect of Social Security Earnings Test: New Evidence from its Elimination and Reinstatement in Japan," *Japan and the World Economy*, Vol.28, 99–111.

[35] Tauchen, G. (1986) "Finite State Markov-chain Approximations to Univariate and Vector Autoregressions," *Economic Letters*, Vol.20, 177–181.

[36] Tran, C., and A. Woodland (2014) "Trade-Offs in Means Tested Pension Design," *Journal of Economic Dynamics and Control*, Vol.47, 72–93.

[37] Yamada, T. (2011) "A Politically Feasible Social Security Reform with a Two-tier Structure," *Journal of the Japanese and International Economies*, Vol.25, 199–224.

補　　論

　定常均衡の計算手法は，基本的には Huggett (1996) と同じである．本
書のモデルには資本市場，労働市場，財市場の 3 つの市場が存在する
が，要素価格 $\{r, w\}$ は資本労働比率 K/N によって決まるので，ワル
ラス法則から財市場は均衡する．在老制度の改革シナリオにおいては，
ベンチマークの労働所得税 τ^l が外生的に与えられる．したがって，定
常均衡を求めるには，均衡価格を導く資本労働比率 K/N，労働市場を
均衡させる若年労働 N_y，政府部門の予算制約式を満たすような保険料
率 τ^p を探せばよいことになる．この場合の計算アルゴリズムは以下の
ようになる．

1. 初期値としてある資本 K^{ini} と労働 N^{ini} を与え，そのもとで生産
   要素価格 $\{r, w\}$ を求める．また，厚生年金部分を決める平均的な
   若年労働について初期値 $(N_y)^{ini}$ を与える．さらに，保険料率につ
   いて初期値 $(\tau^p)^{ini}$ を与える．

2. 要素価格 $\{r, w\}$ と政府のポリシー $\{G/Y, D/Y, \tau^c, \tau^l, \tau^k, \pi_e, bp, \omega,$
   $\theta\}$ を所与として，内生的格子点法 EGM（Endogenous Grid Method）
   を用いて，後ろ向き帰納法により政策関数を計算する[22].

3. 政策関数から年齢階層別の分布関数 Φ_j を計算する．

4. 分布関数 Φ_j を用いて，資本 K^{new}，労働 N^{new}，若年労働 $(N_y)^{new}$，
   消費 C，年金給付 PB などマクロ経済変数を集計する．

5. 政府部門の予算制約式を満たすような保険料率 $(\tau^p)^{new}$ を求める．

---

[22] EGM の詳しい説明については，Carroll (2006) や Krueger and Ludwig (2007) を参照
されたい．

6. 新しい資本 K^{new} と初期値 K^{ini} が，新しい労働 N^{new} と初期値 N^{ini} が，新しい若年労働 $(N_y)^{new}$ と初期値 $(N_y)^{ini}$ が，新しい保険料率 $(\tau^p)^{new}$ と初期値 $(\tau^p)^{ini}$ が十分に近ければ，市場均衡が得られたことになるので，シミュレーションを終了とする．そうでなければ，$K^{ini}, N^{ini}, (N_y)^{ini}, (\tau^p)^{ini}$ を更新し，ステップ 2〜5 を繰り返し，計算をする．

著者紹介

萩原　玲於奈

2015 年	一橋大学経済学部卒業
2016 年	一橋大学大学院経済学研究科
	修士課程修了
2021 年	一橋大学大学院経済学研究科
	博士後期課程修了
現在	日本銀行金融研究所エコノミスト
	元・三菱経済研究所専任研究員

在職老齢年金制度の見直しによる経済効果

2021 年 8 月 20 日　発行

定価　本体 1,000 円＋税

著　　者	萩　原　玲於奈
発 行 所	公益財団法人　三菱経済研究所
	東 京 都 文 京 区 湯 島 4-10-14
	〒 113-0034 電話 (03)5802-8670
印 刷 所	株式会社　国　際　文　献　社
	東 京 都 新 宿 区 山 吹 町 332-6
	〒 162-0801 電話 (03)6824-9362

ISBN 978-4-943852-83-4